Madeira

Beate Schümann

Mehr Lust am Reisen

MERIAN-TopTen
Was Sie unbedingt sehen sollten

MERIAN-Tipps
Persönliche Empfehlungen unserer Autoren

MERIAN-Bewertung
Übernachten, Einkaufen, Essen und Trinken mit Flair

Für Familien
Für Eltern mit Kindern besonders geeignet

Tourenplaner
Damit Sie leichter ans Ziel kommen

Der Fischerort Câmara de Lobos von seiner idyllischsten Seite.

Die Autorin:

Beate Schümann studierte Geschichte, Portugiesisch und Staatsrecht in Hamburg. Dort arbeitet sie seit vielen Jahren als freie Journalistin mit dem Schwerpunkt Portugal und ist Autorin von Reiseführern und Reiseberichten über Portugal und Madeira. Viele ihrer Reisen führten sie auf die Insel.

Englische Aristokraten, Politiker, Künstler und Senioren waren es, die einst das grüne, felsige Inselparadies als Urlaubsziel entdeckten. Doch Madeira ist jünger und turbulenter geworden.

Die in den Fels gehauenen Terrassen beim Örtchen Seixal an der Nordküste liefern einen der besten Weine Madeiras.

»Ist es im Januar warm?« ließen Winston Churchill und seine Frau Clementine im November 1949 beim britischen Konsul auf Madeira telegrafisch anfragen. Die Antwort: »Gott selber hat Madeira als Ferienort geplant ...«, schwärmte der Diplomat. »Ich bin schon 20 Monate hier und habe nicht ein einziges Mal einen Mantel getragen.« Churchill packte seine Koffer und traf nach einer mehrtägigen Schiffspassage samt Gattin, einem Assistenten, zwei Sekretären, seinem Kammerdiener und zwei Detektiven in Funchal ein. Dort stieg er in einem der weltberühmten Hotels ab und wurde sogar zum Landschaftsmaler.

Insel des ewigen Frühlings

Lange vor Churchill war Madeira wegen seines milden, gesunden Klimas bei betuchten Briten als Winterdomizil in Mode gekommen, um dem nasskalten Wetter im eigenen Lande zu entgehen. Nebel, der dem englischen »Qualitätsprodukt« gleicht, gibt es zwar auch hier, aber meist nur in den höheren Lagen. Ansonsten sind die Temperaturen das ganze Jahr über frühlingshaft warm, weshalb Madeira der Name »Insel des ewigen Frühlings« angedichtet wurde. Regen – und da sollte man sich keinen Illusionen hingeben – fällt zu jeder Jahreszeit. Nicht umsonst hat das subtropische Klima diese dichte, üppige Vegetation geschaffen.

Reisen war im 19. Jahrhundert ein Luxus, den sich nur wenige leisten konnten. So zog die gute Inselluft hauptsächlich Blaublütige und den Geldadel an. Die bessere Gesellschaft ließ sich im exklusiven Nobelhotel »Reid's« nieder oder zog für mehrere Monate in die umliegenden Quintas ein. In einem Madeira-Reisehandbuch von 1885 waren 93 Landgüter und Villen aufgeführt, die man mieten konnte. Siebzigjährig lernte hier der Literat George Bernhard Shaw Tango tanzen, Kaiserin Sisi kurierte auf der Insel ihr Lungenleiden, und Kaiser Karl von Österreich ließ sich sogar auf Madeira begraben.

Die Zeiten, als blasse britische Aristokraten sich in Sänften durch die Straßen tragen ließen, sind zweifellos vorbei. Aber auch das Image als mondänes Altenteil hat Madeira abgelegt. Jährlich reisen rund 700 000 Menschen an, und wenn es nach den Tourismusstrategen geht, dürfen es gern noch mehr werden. Die Insel ist jünger und turbulenter geworden. Für Ruhesuchende und Naturfreunde ist sie nach wie vor ein Ziel. Außer dem »klassischen« Wandern bieten sich zahlreiche Möglichkeiten für sportliche Aktivitäten. Nur wer goldgelbe Strände sucht, hat hier kein Glück.

Der Madeira-Archipel entstand vor Millionen Jahren bei einem Unfall der Natur: Eine vulkanische Explosion unter Wasser türmte gewaltige Lavamassen auf und schob sie an verschiedenen Stellen über die Wasseroberfläche. Vier Inseln bzw. Inselgruppen formten sich: Madeira, Porto Santo, die Ilhas Desertas und die Ilhas Selvagens.

Madeira, die größte der Verertruppe, steigt 640 Kilometer westlich von Casablanca, 1000 Kilometer westlich von Lissabon und 416 Kilometer nördlich der Kanarischen Inseln als Gebirgsklotz aus dem Meer. Umgeben vom blaugrün schimmernden Atlantik halten sich 741 Quadratkilometer Felsen über Wasser. Es gibt Berge, die bis in den Himmel reichen – ein Hochgebirge mit immerhin drei Achtzehnhundertern und einigen Siebzehnhundertern. Steilküsten, die sich tief ins Meer stürzen. Karge Hochebenen, wildromantisches Bergland mit schroffen Felsen, sanften Tälern, klaren Wasserfällen und üppiger Pflanzenwelt.

Und natürlich **Funchal**, die geschäftige Inselmetropole, die sich zu einem viel besuchten Touristenzentrum entwickelt hat. Von den rund 300 000 Insulanern lebt ein Drittel in der Hauptstadt. Das übrige Madeira und das flache **Porto Santo** wirken dagegen wie ein Sanatorium. Eine Welt von Kontrasten stellt sich dar. Während Madeira in sattem Grün und Üppigkeit erscheint, ist auf der 50 Kilometer entfernten, wüstenhaften Schwesterinsel ein Hauch von Afrika zu spüren. Sie hat, was Madeira fehlt – einen langen, goldgelben Sandstrand.

Die **Ilhas Desertas**, 20 Kilometer südöstlich, machen ihrem Namen »Öde Inseln« alle Ehre. Die Felsen sind unbewohnt wie die 230 Kilometer südlich von Madeira liegenden Ilhas Selvagens (»Wilde Inseln«). Zwei Drittel des Archipels sind als Naturpark ausgewiesen.

Hätte nicht ein Sturm die portugiesischen Schiffe anno 1418 von ihrer Route abgetrieben, der Archipel wäre womöglich so schnell nicht entdeckt worden. Auf den Karten der Kapitäne war Land auf dem 32. Breitengrad 38' Nord und dem 16. Längengrad 54' West nicht eingezeichnet. Zuerst setzten der Entdecker João Gonçalves Zarco und seine Kollegen ihren Fuß auf die viel kleinere Insel Porto Santo, bevor sie ein Jahr später Madeira ansteuerten. Zarco wird heute als Entdecker gefeiert. Tatsächlich dürfte der portugiesische König jedoch schon um etwa 1317 von der Existenz der Insel gewusst haben. Dass der »Entdecker« Zarco, laut Chronistenbericht, bereits Siedler und

MERIAN-Lesetipp

Raquels Töchter Helena Marques schrieb diese fesselnde Familiensaga, die 1999 als Taschenbuch bei btb erschien. Im Mittelpunkt steht das Madeira des 19. Jahrhunderts. Das durch geografische und soziale Enge geprägte Inseldasein wird detailreich und lebendig geschildert. Couragierte Frauen wie Raquels Töchter brechen langsam, aber zielbewusst aus. Alles beginnt mit dem vergilbten Bordtagebuch ihres Großvaters, das den kraftvoll geschriebenen Roman in einen großpolitischen Kontext stellt.

Vieh an Bord hatte, spricht dafür. Historisch ist die Zarco-Version belegt. Was aber vorher war, dafür gibt es auch unter Historikern keine einheitliche Lesart. Die einen meinen, dass die Phönizier oder die Kanaren die Ersten waren, deren Wissen um die Lage der Insel jedoch unterging oder einfach nicht publik wurde. Andere werten die florentinische Seekarte von 1351, auf der Madeira erstmals auftaucht, als Beginn. Wie dem auch sei: Niemand nutzte das geografische Wissen – denn als die Portugiesen landeten, war der Archipel unbewohnt.

Entdeckungsgeschichten

Legende ist dagegen die in diversen Varianten erzählte Romanze vom englischen Ritter Robert Machyn und der schönen Anne Dorset, einem gesellschaftlich ungleichen Liebespaar, das nach seiner Flucht aus England 1346 am Ostufer Madeiras gestrandet sein soll. Sie starb an Entkräftung, er bald darauf aus Kummer. Nach dieser Fassung wären es die Engländer gewesen, die ein Recht auf den Entdeckerruhm hätten. Der Ort des tragischen Geschehens heißt Machico. Aber, wie gesagt, das ist Legende.

Die Geografie Madeiras hat die Bewohner gleich zu Beginn vor eine Reihe kniffliger Aufgaben gestellt. Im Inselsüden fanden sie zwar fruchtbares Land, aber kein Wasser; im Norden gab es Wasser im Überfluss, sonst aber nur nackte Felsen. Einem ebenso genialen wie nahe liegenden Einfall ist der Bau der **levadas** zu verdanken, ein System von Wasserkanälen, das die ganze Insel arterienartig durchzieht, um Wasser zu transportieren und Energie zu erzeugen. Es ist bis heute intakt und hat dem Wanderfreund ein weites Netz von Wegen geschaffen. Um Platz für Zuckerrohr, Weinstöcke, Bananenstauden und Mais zu schaffen, legten die Madeirenser an den Berghängen in mühevoller Schwerstarbeit von Steinmauern gestützte Terrassen, so genannte **poios**, an. Kein Südhang, auch nicht der steilste, der nicht vom Gipfel bis zur Küste in eine grüne Treppenanlage verwandelt worden wäre. Lastenschlepper war in jener Zeit einer der unpopulärsten Berufe.

Levadas und poios sind die markantesten Landschaftsmerkmale, wie überhaupt die Landwirtschaft Madeiras Gesicht stark geprägt hat. Agrarprodukte zählen wie früher zu den Haupteinnahmequellen der Madeirenser. Weltweit berühmt ist der Madeirawein, für den manche mitunter ihre Seele verkauft haben sollen, und angesichts der Fülle exotischer, aromatischer Früchte mag sich der den Geschmacksnerven entwöhnte EU-Bürger hier im Schlaraffenland wähnen.

Industrie gibt es dagegen kaum. Die überwiegend armen Bauern waren immer von Großgrundbesitzern und ausländischen Kaufleuten abhängig, weshalb viele auswanderten. Bis heute lassen die handtuchgroßen Landflecken den Einsatz von Lasttieren oder Maschinen kaum zu. Weil Ackerbau und Fischfang allein die Familien kaum ernährten,

Oben: Die Insel Madeira ist berühmt wegen ihres Blumenreichtums – hier eine Strelizie.

Mitte: Von Câmara de Lobos, dem Zentrum der madeirensischen Fischerei aus, wurde die Insel besiedelt, nachdem der Entdecker Zarco 1420 an der Stelle gelandet war.

Unten: Britische Lebensart und britisches Gehabe begegnen einem auf Schritt und Tritt.

versuchten sie ihr Einkommen in Heimarbeit aufzubessern, etwa durch **Bordado**-Stickerei und Korbflechten – ein kostbares Kunsthandwerk, mit dem Madeira sich weltweit einen Namen gemacht hat.

Die Fans der Insel haben ihr viele Namen gegeben, etwa »Perle im Atlantik«, »Schwimmender Garten« oder »Blumeninsel«. Wer jedoch auf Madeira ein ständiges Blumenmeer in üppiger Farbenpracht erwartet, wird es nicht finden. Jede Blüte hat ihre Zeit. Da die Inselflora aber einen überreichen Fundus von 760 Pflanzenarten besitzt, blüht zu jeder Zeit garantiert irgend etwas. Rhododendron und Glyzinien zum Beispiel blühen im Frühjahr, Jasmin und Magnolien von März bis Mai, Oleander von Mai bis September, der Tulpenbaum im September/Oktober, der Weihnachtsstern von Oktober bis Februar und die Kamelie von Dezember bis Mai. Die kletternde Bougainvillea und der Hibiskus erfreuen mit ihren Blüten sogar ohne Pause. Die großen, dichten Wälder, denen die Ilha de Madeira, Holzinsel, ihren Namen verdankt, gibt es schon lange nicht mehr. Der kleine Rest Lorbeerwald (Laurisilva) steht heute unter Naturschutz.

»Very british« aus Tradition

Madeira hat etwas ungemein Britisches, und das hat Tradition. Portugal und England sind die ältesten europäischen Nationen »auf Schmusekurs«. Beide Länder schlossen schon im 14. Jahrhundert den ersten Freundschaftsvertrag, was Portugal einen starken Verbündeten bescherte, England hingegen wirtschaftliche Privilegien und strategische Stützpunkte. Auf Madeira gehörten die Engländer zu den ersten Ausländern. Sie mischten im florierenden Zuckerhandel mit, rissen sich den Weinhandel unter den Nagel und wollen die kunstvolle Bordado-Stickerei erfunden haben.

Ein Schotte namens Reid machte schließlich 1891 mit der Eröffnung seines Grandhotels die Insel zu einem luxuriösen Ferienparadies. Wenn es eine touristische Weltmacht gibt, muss sie in England geboren worden sein. Niemand kann so leicht und lässig präsent sein wie der britische Gentleman. Wo er war, war bald auch England, und die Deutschen waren gewiss auch nicht besser. Tatsächlich sorgte die Engländerin Elisabeth Phelps um 1860 dafür, dass bald auf allen Teetischchen im viktorianischen England eine Spitzendecke aus Madeira lag. Gestickt wurde freilich auf der Insel immer schon. Die Deutschen ihrerseits meinen, dass die Madeirenser das Wissen über die Gobelin-Herstellung ihnen zu verdanken hätten. Während die Engländer bis Anfang der neunziger Jahre auf Madeira in der touristischen Übermacht waren, haben die Deutschen ihnen inzwischen den Rang streitig gemacht.

Landwirtschaft im Terrassen-Anbau ist auf Madeira oft zu sehen.

Alles dreht sich um Funchal, ein hundertprozentiges touristisches Zentrum. Stille und Privatatmosphäre in regionentypischen Unterkünften finden Sie in anderen Inselgegenden.

So luxuriös lässt's sich auf Madeira leben: Hotelterrasse mit Blick auf die Küste vor Santana.

Madeira hat rund 24 000 Hotelbetten zu bieten. Die allermeisten davon befinden sich in Funchal.

Die offizielle Klassifizierung der **Hotels** reicht von der Luxuskategorie bis zum einfachen Ein-Sterne-Haus. **Aparthotels** unterscheiden sich in Ausstattung und Komfort durch zwei bis vier Sterne. **Estalagens** sind Häuser der Vier- und Fünf-Sterne-Kategorie, meist gemütlicher und authentischer als die Hotels. **Albergarias** sind eine portugiesische Variante komfortabler Gasthäuser mit bis zu vier Sternen. Hinter dem **Residencial** verbirgt sich meist ein schlichtes Quartier, manchmal mit, manchmal ohne Frühstück. Eine **Pensão** (Pension) ist zwischen ein und vier Sternen zu finden. Wem die **Pousadas** von Portugal her als hochpreisige, luxuriöse Unterkünfte ein Begriff sind – auf Madeira sind sie eher ländlich-rustikal. Das hängt auch damit zusammen, dass hier weder Aristokratie noch Klerus großartige Prachtbauten hinterlassen haben. Das Ambiente in den Pousadas auf Madeira ist aber so, wie es sich gehört, nämlich stilvoll und – der Lage in den Bergen entsprechend – nach der Art von Jagdhäusern. Im landestypischen Umfeld soll der Gast hier kulturelle Traditionen Portugals und Madeiras sowie Küche und Keller kennen lernen. Da Pousadas stets nur über wenige Zimmer verfügen, ist die Atmosphäre sehr privat. Unbedingt rechtzeitig reservieren (Reservierungszentrale: Tel. 291702000)!

Unter dem Begriff **Turismo no Espaço Rural** (TER), Tourismus im ländlichen Raum, wurden in den letzten Jahren zahlreiche palastähnliche Herrenhäuser in Privatbesitz, stattliche Landgüter oder schlichtere Bauernhäuser auf dem Lande restauriert und für den Tourismus geöffnet. In den Gastgebern findet man kundige Ratgeber und Gesprächspartner; sie sprechen meist Englisch und Französisch. Es gibt zwei Kategorien: Unter **Turismo de Habitação** (TH) sind architektonisch reizvolle Herrenhäuser mit stilvoller, luxuriöser Ausstattung zusammengefasst. **Turismo Rural** (TR) bezeichnet rustikalere, regionentypische Landhäuser. Hauptmahlzeiten werden nach Vereinbarung serviert, manchmal ist Küchenbenutzung möglich. Bei der Reservierung wird meistens eine Anzahlung von 50 Prozent verlangt. Mindestaufenthalt sind drei Nächte.

Für Rucksackreisende standen bisher zwei **Campingplätze** zur Verfügung, einer in Porto Moniz und einer auf Porto Santo. Der in Porto Moniz, dessen Standard selbst für extreme Individualisten kaum akzeptabel war, ist derzeit geschlossen.

Alle Hotels, Restaurants, die dem TER angeschlossenen Häuser und Campingplätze sind gesetzlich verpflichtet, ein **Livro de Reclamação** (Beschwerdebuch) auszulegen. Der Gast kann darin seine Klagen über Quartier und Service äußern, denen die **Direcção Geral de Turismo** (DGT), die übergeordnete Generaldirektion für Tourismus, nachgeht.

MERIAN-Tipp

Neben Hotels, Estalagens und anderen Beherbergungsbetrieben vermitteln die Tourismusinformationen von Madeira und Porto Santo auch zahlreiche **Privatunterkünfte**. Sie sind neben den nicht zu empfehlenden Campingplätzen die günstigste Unterbringungsmöglichkeit und haben obendrein den Vorzug, dass sich Kontakt zu Einheimischen leicht herstellen lässt.

Alle in diesem Buch empfohlenen Unterkünfte auf einen Blick

Luxushotels

Funchal: Reid's Hotel ....S. 30

Aparthotels

Cabeço da Ponta/Porto Santo:
Luamar ....S. 74
Caniço: Vila Ventura ....S. 50
Funchal: Castanheiro ....S. 29
Ribeira Brava: Valemar ....S. 60

Hotels mit Flair/Estalagems

Caniço: Quinta Spléndida .....S. 50
Funchal: Estalagem
Quinta da Bela Vista ....S. 29
Funchal: Quinta Perestrelo ....S. 30
Funchal: Vila Vicência ....S. 30
Santana: Quinta do Furão .....S. 62
São Vicente: Praia Mar ....S. 63

Komfortable Gasthäuser/Albergarias

Funchal: Quinta da Fonte ......S. 29
Funchal: Quinta da Penha
de França ....S. 29
Porto da Cruz: Quinta da Capela S. 58
Santana:
Casa da Tia Clementina ......S. 62
São Vicente:
Casa da Piedade ....S. 63
Serra de Fora/Porto Santo:
Casa Rosário Coelho ....S. 78

Pensionen/Residenciales

Campo de Baixo/Porto Santo:
Theresia ....S. 75
Encumeada: Encumeada ......S. 51
Funchal: Santa Clara ....S. 30
Funchal: Vila Terzinha ....S. 30
Monte:
Vila Cantareira do Monte ....S. 55
Porto da Cruz: Penedo ....S. 58
Porto Moniz: Atlántico ....S. 59
Porto Moniz: Calhau ....S. 59
Porto Moniz: Orca ....S. 59
Ribeira Brava: São Bento .....S. 59
Santana:
Cabanas de S. Jorge Village ..S. 60
Santana: O Colmo ....S. 62
Vila Baleira/Porto Santo:
Central ....S. 71

Ländlich-rustikale Gasthäuser/Pousadas

Encumeada:
Pousada dos Vinháticos .....S. 52
Pico Ruivo:
Pousada do Pico do Arieiro ...S. 56

Resort- und Ferienhotels

Calheta: Calheta Beach ....S. 46
Campo de Baixo/Porto Santo:
Porto Santo ....S. 75
Caniço: Quinta Spléndida .....S. 50
Funchal:
Cliff Bay Resort Hotel ....S. 29
Funchal: Monumental Lido ....S. 29
Funchal: Pestana Village
Garden Resort ....S. 29
Machico: Dom Pedro Baía .....S. 52
Vila Baleira/Porto Santo:
Torre Praia Suite Hotel ......S. 71

Mittelklasse-Stadthotels

Funchal: Windsor ....S. 30
Vila Baleira/Porto Santo:
Praia Dourada ....S. 71

Preisklassen

Die Preise gelten für eine Übernachtung im Doppelzimmer, inklusive Frühstück.

★★★★ ab 125 €
★★★ ab 100 €
★★ ab 50 €
★ bis 50 €

Eine Hommage an ihre internationalen Gäste ist die madeirensische Küche, eine Besonderheit der Degenfisch, der mit tropischen Früchten die exotischsten Verbindungen eingeht.

Der ganze Reichtum aus Madeiras Obstgärten wird auf den Märkten der Orte angeboten.

In der traditionellen madeirensischen Küche kommt deftige Hausmannskost auf den Tisch. Gut gewürzt, mit Fisch oder Fleisch, reichlich Olivenöl und Knoblauch – eine Kost, die für körperlich arbeitende Menschen gedacht war. Sättigende Schmorgerichte und Eintöpfe sind fester Bestandteil der Speisepläne, etwa der **cozido à portuguesa** (Fleischeintopf), die **açorda** (Brotsuppe), **milho cozido** (Maisbrei mit Bohnenkraut) oder die **caldeirada de peixe** (Fischsuppe nach Bouillabaisse-Art), in der die Reste vom Vortag gut aufgehoben sind. Für kulinarische Raffinesse bestand bei den meisten Madeirensern keine Veranlassung.

Eine exotische Note erhalten die Gerichte durch die unterschiedlichsten Zutaten und Gewürze, die im 15. und 16. Jahrhundert durch die überseeischen Verbindungen Portugals nach Afrika, Asien und Brasilien den Weg in die Kochtöpfe gefunden haben. Aus der Neuen Welt brachten die Seeleute Paprika, Kartoffeln, Mais, Tomaten und Avocados mit, vom orientalischen Gewürzhandel wurden Pfeffer, Muskat, Nelken und Zimt abgezweigt, aus Afrika stammt das sehr scharfe **piri-piri**. Typisch für Madeira ist die Verwendung von Lorbeer (**louro**) vom einheimischen Lorbeerbaum.

Der Favorit unter den Fischen ist der sonst seltene pechschwarze, schuppenlose Degenfisch, der **peixe espada preto**, der vor Madeira in der Tiefsee lebt. Sein zartes weißes

Küchengeheimnisse

Fleisch schmeckt vorzüglich, sein grimmiges Aussehen hingegen führt nur selten zu spontanen Liebeserklärungen. Das Filet wird in exotischen Kombinationen, etwa mit Kokosflocken, Banane oder Mango, in vielfältigsten Arten zubereitet. Auf Platz zwei der Fisch-Hitparade steht der **atúm**, Tunfisch, dicht gefolgt vom **bodião** (Papageienfisch), der auf der Insel als schmackhaftester Fisch gilt. Die edle **cherne** (Silberbarsch) und die **truta** (Forelle), die in den Bergen gezüchtet wird, werden beide von den **chefes** gern empfohlen. Und natürlich keine Speisekarte ohne **bacalhau** (Stockfisch), den portugiesischen Lieblingsfisch schlechthin, der für seine 365 Rezepte gerühmt wird – für jeden Tag im Jahr eines. Gewöhnungsbedürftig ist der **bacalhau cozido**, der gekocht seinen ausgeprägten Eigengeschmack erst zur vollen Entfaltung bringt. Aus dem Meer stammen auch die **lapas** (Napfschnecken), die aus dem **arroz de lapas**, einem Reisgericht, einen regionalen Leckerbissen machen. Ranghöchste Spezialität für Fleisch-Genießer ist die **espetada**, das Nationalgericht. Der schaschlikähnliche Spieß von saftigem Ochsenfleisch wird über dem offenen Holzkohlefeuer gegrillt, das Fleisch auf einem dünn geschnitzten Lorbeerhölzchen aufgespießt, das ihm ein spezielles Aroma verleiht. Das Ganze wird an hohen Tischständern eingehängt, so dass die Schlemmerrunde Stück um Stück auf den Teller legen kann. Dazu dürfen **milho frito**, gebratener Maisbrei, in viereckige Stücke geschnitten, sowie der **bolo do caco**, ein warm serviertes Fladenbrot mit Knoblauchbutter, nicht fehlen. Doch leider: Lorbeerspieß und bolo do caco sind auf Madeira immer seltener zu bekommen. Unter den Suppen ist die madeirensische Tomatensuppe, die **sopa de tomate**, eine Berühmtheit. Die Couscous-Gerichte sind kein touristisches Importprodukt, sondern verweisen auf enge Beziehungen zu Nordafrika.

Trotz der unglaublichen Mengen und verschiedenen Sorten an knackigen Gemüsen, die auf dem Mercado dos Lavradores in Funchal zu finden

Oben: Etwas angestaubt, aber bekömmlich – der berühmte Madeirawein.

Mitte: In der »Madeira Wine Company« in Funchal sind die einheimischen Weine in Mengen gelagert.

Unten: Das ganzjährig milde Klima hat auch positiven Einfluss auf das Markt-Angebot.

sind, gehört »Grünzeug« nicht zu den typischen Beilagen. Tomaten, Kohl, grüne Bohnen und Mais sind mit Abstand die gebräuchlichsten Gemüsesorten – neben den bei uns eher unbekannten **favas** (Pferdebohnen), **feijocas** (dicke Bohnen), **grão de bico** (Kichererbsen) und **agrião** (Brunnenkresse).

Süßes und Saftiges

Nachspeisen fallen für gewöhnlich sehr üppig aus. Eine typische süße Schleckerei ist der **bolo de mel**, ein echtes Schwergewicht, der den Magen bis auf weiteres schließt. Er wird allerdings nicht mit Honig, sondern mit **mel de cana** (Zuckerrohrsirup) gemacht.

Für einen exotischen Obstsalat findet man auf Madeira alle Zutaten. Die grünen, wie eingedellt aussehenden **anonas** (Cherimoyas) schmecken am besten weich. Man köpft sie, löffelt das weiße Fleisch heraus und spuckt die großen dunklen Kerne aus. Weich ist auch der tomatenähnliche **dióspiro** (Kaki) essreif; die Madeirenser lutschen das fruchtige, sehr saftige Fleisch aus seiner lederartigen ungenießbaren Haut heraus. Die orange-grüne **papaia** wird längs aufgeschnitten, man entfernt die kleinen schwarzen Kerne und isst den Rest ohne die Schale. Das aromatische, kernreiche Fruchtfleisch der **maracujá** schmeckt roh eher herb. Deshalb verarbeiten die Madeirenser es meist zu Sirup oder Likör, eine Spezialität der Insel.

Zum reichhaltigen Sortiment gehören weiter Guaven, Mangos, Litschis, Kaktusfeigen, Kapstachelbeeren und Bananen verschiedenster Sorten – am geschmacksintensivsten ist die kleine süße Silberbanane, **banana de prata**. Nicht zu verachten auch die **tâmaras**, Datteln, die natürlich frisch zu haben sind.

Die madeirensische Küche von heute ist international. Jedenfalls in Funchal. Nach wirklichen Originalrezepten wird hier kaum noch gekocht. Bei den »Restaurantes típicos« sollte daher jeder hellhörig werden, der »typisch portugiesisch« essen möchte.

Wein wird auf Madeira großgeschrieben. Der einheimische Tischwein hat einen eher strengen Geschmack, weshalb die Flaschenetiketten als Herkunftsregion meist Nordportugal oder Frankreich ausweisen. Der Madeirawein wird nicht zum Essen, sondern als Aperitif oder zum Dessert getrunken. Er sollte älter als fünf Jahre sein. Neben dem sehr süßen, schweren **Malvasia** gibt es die trockenen Varianten, etwa den sehr trockenen **Sercial**, den halbtrockenen **Verdelho** oder den fruchtigen, körperreichen **Bual**. Der **vinho verde**, »grüner Wein«, ist eine portugiesische Besonderheit, mit nur acht Prozent Alkohol sehr leicht, spritzig und gekühlt sehr bekömmlich. Ein erfrischender Drink ist die madeirensische **poncha**, die aus Zuckerrohrschnaps, Honig und Zitronensaft gemixt wird. Hochprozentig ist auch der **cortado** – ein Kaffee als Espressoportion mit reichlich Madeirawein und Zitronenschale.

Malvasia, cortado und poncha: Das trinkt man auf Madeira

Preisklassen

Die Preisklassen beziehen sich auf ein Drei-Gänge-Menü ohne Getränke.

★★★★ über 25 €
★★★ bis 25 €
★★ bis 17 €
★ bis 10 €

Frisch gebacken, am Straßenrand noch warm verkauft: bolo do caco.

Essdolmetscher

Im Restaurant

Die Speisekarte bitte	*a ementa, se faz favor*
Die Rechnung bitte	*a conta, se faz favor*
Ich hätte gern einen Kaffee	*queria um café*
– Espresso	*– uma bica café com leite*
– Milchkaffee	*– um galão*
Wo finde ich Toiletten?	*onde está a casa de banho?*
Kellner/in	*o senhor/a senhora (se faz favor)*
Frühstück	*pequeno almoço*
Mittagessen	*almoço*
Abendessen	*jantar*

A

abóbora: Kürbis
açorda: Brotsuppe
açucar: Zucker
água mineral: Mineralwasser
– com (sem) gás: mit (ohne) Kohlensäure
aguardente: Weinbrand
alface: Blattsalat
alho: Knoblauch
alho francês: Porree
alperce : Aprikose
amêijoa: Venusmuschel
ameixa: Pflaume
arroz: Reis
assado: gegrillt
atum: Tunfisch
aves: Geflügel
azeite: Olivenöl
azeitonas: Oliven

B

bacalhau: Stockfisch
bagaço: Tresterschnaps
batata: Kartoffel
bebidas: Getränke
berbigão: Herzmuschel
bife: Beefsteak
bolo: Kuchen
borrego: Hammelfleisch

C

cabrito: Zicklein
caça: Wild
café: Kaffee
– com leite: Kaffee mit Milch
– galão: Milchkaffee
camarão: Krabben
canja: Brühe, meist vom Huhn
– de galinha: Hühnerbrühe
caranguejo: Taschenkrebs
carapau: Stichling
carne de porco: Schweinefleisch
carne de vaca: Rindfleisch
carne: Fleisch
cavala: Makrele
cebola: Zwiebel
cereja: Kirsche
cerveja: Bier
– branca: helles Bier
– preta: dunkles Bier
chá: Tee
cherne: Silberbarsch
choco: Tintenfisch (runder Körper)
coelho: Kaninchen
cogumelos: Pilze
colher: Löffel
conta: Rechnung
copo: Glas
cordeiro: Lamm
corvina: Rabenfisch
cozido: gekocht
crustáceos: Krustentiere

D

dourada: Goldbrasse

E

em cebolada: mit viel Zwiebeln
empadas: Pasteten
empregado: Ober
enguia: Aal
ervilha: Erbse
escalope: Schnitzel
espadarte: Schwertfisch
espetada: Bratspieß
espinafre: Spinat
estufado: gedünstet

F

faca: Messer
fava: dicke Bohne

feijão: Bohne
– verde: grüne Bohne
feijoada: Bohneneintopf
fiambre: gekochter Schinken
figado: Leber
framboesa: Himbeere
frango: Hähnchen
frito: frittiert
fruta: Obst
fumado: geräuchert

G
galinha: Huhn
gamba: Hummerkrabben
ganso: Gans
garfo: Gabel
gelado: Eis
grão de bico: Kichererbse
grelhado: vom Holzkohlengrill
guisado: geschmort

J
jantar: Abendessen
jarro: Krug
javali: Wildschwein

L
lagosta: Languste
lagostim: kleine Languste
laranja: Orange
lavagante: Hummer
lebre: Hase
legumes: Gemüse
leitão: Spanferkel
leite: Milch
linguado: Seezunge
lombo: Rinderfilet
lula: Tintenfisch (länglicher Körper)

M
maçã, pêro: Apfel
mal (bem) passado: schlecht (gut) durchgebraten
manteiga: Butter
mariscos: Schalentiere
mel: Honig
melancia: Wassermelone
melão: Honigmelone
mexilhão: Miesmuschel
morango: Erdbeere
moreia: Moräne

N
nata: Sahne
no forno: im Backofen zubereitet

P
pão: Brot
pargo: Seebrasse
pato: Ente
peito: Brust
peixe espada: Degenfisch
peixe: Fische
pepino: Gurke
perdiz: Rebhuhn
perna: Keule
perú: Pute
pescada: Schellfisch
picado: gehackt
polvo: Krake, Pulpe, Oktopus

Q
queijada: Käsekuchen
queijo: Käse

R
recheado: gefüllt
robalo: Wolfsbarsch

S
salmão: Lachs
salmonete: Meerbarbe
santola: Spinnenkrebs
sapateira: Riesenkrebs
sargo: Seebarbe
sobremesa: Nachtisch

T
tamboril: Seeteufel
truta: Forelle

U
uva: Weintraube

V
vaca: Rind
vinho: Wein
– branco: Weißwein
– maduro: »reifer« Wein
– tinto: Rotwein
– verde: »grüner« Wein
vitela: Kalbfleisch

Voller Kontraste steckt die kleine Insel im Ozean – ein grünes Paradies wechselt sich mit schroffem Hochgebirge, bizarrer Steilküste und kultivierten Tälern ab.

Blick auf Porto da Cruz vom Portela-Pass. Dahinter ist der gewaltige Felsen Penha de Águia zu sehen.

Funchal ist Madeira, Madeira ist Funchal. Man braucht nicht viel Fantasie, um sich vorzustellen, warum die Wahl der ersten Siedler auf diese Stelle in der Südbucht fiel.

Funchal ■ B 12, S. 120

120 000 Einwohner
Stadtplan → Klappe hinten

Die Luxuslage zwischen Steilküste und vulkanischen Inselketten ist nur einer der Gründe, weshalb der Ort zur Inselmetropole wurde und als das älteste Ferienziel der Europäer gilt. Wie in einem Amphitheater steigt Funchal sanft an den grünen Hängen ringsherum hoch und bietet den Finanzkräftigen die schönsten Logenplätze. Ein weiteres Plus ist, dass die Stadt auf der sonnensicheren Seite der Insel liegt. Mittlerweile ist sie mit ihren 120 000 Einwohnern allerdings weit über sich hinausgewachsen.

Touristisches Vollblut

Funchal hat sich zu einer Ferienstadt par excellence entwickelt. In keiner anderen Inselregion konzentrieren sich Sehenswürdigkeiten, Hotels, Restaurants, Bars, Geschäfte – und eben deshalb auch Touristen – wie hier. Alle Wege führen nach Funchal. Wie an einer Perlenkette reihen sich die großen Hotels am Kliffrand über mehrere Kilometer an der **Avenida do Infante** und der **Estrada Monumental** entlang. Die einen stillen ihre Sehnsüchte nach paradiesischem Leben in einem Zimmer mit Aussicht auf den kristallin glitzernden Atlantik, genießen es, in Funchals luxuriösen Hotels die Beine hochzulegen, und finden sich zwischen Palmen und Parks im Einklang mit der Natur. Die anderen raufen sich im Verkehrsstau die Haare, wettern gegen die Gigantomanie der Hoteliers, steigende Preise, Flughafenausbau und landfressende Autobahnen …

Ein Nobelhotel, das diesen Namen verdient: Reid's Hotel.

Mehr als jeder andere Wirtschaftszweig hat der Tourismus den Funchalesern Wohlstand gebracht, ihnen aber auch dessen Schattenseiten beschert. Jährlich reisen rund 700 000 Touristen an, zwei Drittel davon mit Ziel Funchal. Hinzu kommen die Hundertschaften der Kreuzfahrtschiffe, die auf ihrem Weg von Europa nach Amerika und Afrika zum Landgang, Fotografieren und Shoppen in der Hauptstadt der »Blume des Atlantik« vor Anker gehen. Funchal zur Hauptsaison, das ist wie Wallfahrt in Lourdes oder Fátima im Oktober. Ruhe und Rummel liegen dicht beieinander.

Blütenmäßig erfüllen sich in Funchal alle Träume. Je nach Jahreszeit sorgen blühender Hibiskus, leuchtender Oleander, flammendrote Kamelienbäume, schneeweißer Jasmin und die elfenbeinfarbene Blüte des Frangipani für die Dekoration der Inselhauptstadt. Violette Jacarandas leuchten in der **Avenida M. Arriaga**, der städtischen Hauptschlagader. Die wild rankende Bougainvillea wird sogar genutzt, um alte Sünden, wie das triste Betonkorsett für die drei Flüsse im Zentrum, zu verdecken. Erst kürzlich wurde das Blütendach abgenommen, so dass der Schaden nun bloßliegt.

Touristengerecht drängen sich die meisten Sehenswürdigkeiten auf engem Raum um die **Praça do Município** im Zentrum herum. Der Kulturtourist macht sich auf historischem Kieselsteinpflaster auf die Spuren der 500-jährigen Geschichte und staunt über die Überbleibsel aus der manuelinischen Ära. Von dem Straßenbelag – feinster, vom Meer rund gewaschener Lavastein – sagte Kaiserin Sisi übrigens damals schon, dass er zum Flanieren gänzlich ungeeignet sei. Recht hatte sie – hier verdirbt man sich garantiert jeden Stöckelschuh – also unbedingt stabiles Schuhwerk mitnehmen!

Funchals Geschichte ist eine Zuckergeschichte. Die ersten Ankömmlinge fanden zwar wild wachsenden Fenchel, **funcho**, in rauen Mengen vor, weshalb sie den Ort nach ihm benannten. Aber er wurde schon bald abgefackelt, weil er dem Zuckerrohr Platz machen sollte. Denn Zucker wurde zum Erfolgsrezept: Als sich im 15. Jahrhundert herumgesprochen hatte, dass mit den kleinen Kristallen schnelles Geld zu machen war, stieg Funchal zum wichtigsten europäischen Handelsplatz für Zucker auf.

Süße Vergangenheit

Im Eiltempo verwandelte sie sich in eine kosmopolitische Stadt. Händler drängelten sich in den Straßen, Handelsflotten aus Flandern, Italien und England ankerten im Hafen. Schwer beladen verließen die Zuckergaleonen Funchal. Immer mehr **poios**, Terrassenfelder, wurden angelegt, Zuckermühlen gebaut. Schwarze Sklaven erledigten die Knochenarbeit auf den Plantagen.

Das Funchaler Wappen mit den fünf Zuckerhüten spricht noch heute Bände über die Bedeutung und Hoffnungen, die mit dem süßen Stoff verbunden waren. In Straßennamen wie Rua das Pretas (Straße der »Negerinnen«), Rua dos Mercadores (Straße der Händler) oder Rua dos Caixeiros (Straße der Zuckerkistenmacher) in der Altstadt spiegelt sich die Geschichte wider.

Mitte des 16. Jahrhunderts war Funchal aus den Kinderschuhen herausgewachsen und bot für damalige Normen großstadtartige Verhältnisse. Doch Aufstieg und Fall liegen eng beieinander. Mit dem gewachsenen Reichtum standen bald auch Piraten vor der Tür, deren Angriffen die Stadt auf Dauer kaum standhalten konnte. Der schwerste Piratenangriff von 1566, etwa zeitgleich mit der aufkommenden Konkurrenz des Antillen-Zuckers, beendete Funchals Blütezeit vorerst.

Zwei Jahrhunderte später waren es die süßen Trauben, die Funchal zum neuen Boom verhalfen. Die bereits ansässigen englischen Kaufleute sattelten um, schufen sich ein Export-Imperium aus Reben, mit eigener Schiffsagentur, versteht sich. In Funchal lagerten sie den kostbaren Saft, hier hatten die Weinhändler ihren Sitz. »Cossart Gordon« etwa wurde 1745 gegründet, »Leacock's« 1760, »Blandy's« 1811 und »Miles« 1878. Bis heute wird Madeira für sein hochprozentiges Kapital weltweit geschätzt – und niemand fährt nach Hause, ohne zumindest ein Gläschen vom reichhaltigen Weinangebot verkostet zu haben.

MERIAN-Tipp

Praça do Colombo Eine ruhige Idylle hinter der verkehrsreichen Avenida do Mar. Der kleine Platz mit seinem Gebäude-Ensemble aus dem 16. Jh. wurde 1995 in Verbindung mit dem Neubau des Zuckermuseums angelegt. Im westlichen Winkel steht die Casa de Colombo, in der Kolumbus einige Tage gewohnt haben soll. Die angrenzende Rua dos Esmeraldos erinnert an die reichen Zuckerhändler – viele von ihnen waren Holländer –, denen der König für ihre Verdienste den Adelstitel »esmeraldo« verehrte. ■ d 4/e 4

Hotels/andere Unterkünfte

Castanheiro ■ d 3
In einer kleinen Seitenstraße, mitten im Zentrum Funchals, befindet sich das vierstöckige Aparthotel. Außen wirkt koloniales Flair, innen herrscht angenehme Sachlichkeit.
Rua do Castanheiro, 27;
Tel. 2 91 22 70 60, Fax 2 91 22 79 40;
24 Apartments und Studios
★★ AmEx DINERS EURO VISA

Cliff Bay Resort Hotel
südwestlich ■ a 6
Luxuriöses, supermodernes Resorthotel in selten schöner Lage auf einem ins Meer hinausragenden Felsenrand. Der terrassenartige Bau gewährt den meisten Balkonen Sonne und Meerblick. Großzügig ist hier alles – die Zimmer, das Entrée und der Service. Ein First-Class-Haus mit stilvoll-legerer Atmosphäre. Drei Restaurants mit gutem Ruf, drei Bars, Palmengarten, Sonnenterrasse, Hallen- und Freibad, Meerwasserterrasse mit abgegrenztem Salzwasserschwimmbad, Gesundheitszentrum, breites Sportangebot.
Estrada Monumental, 147;
Tel. 2 91 70 77 00, Fax 2 91 76 25 24;
214 Zimmer
★★★★ AmEx DINERS EURO VISA

Monumental Lido westlich ■ a 6
Moderne Sachlichkeit führt das Regiment in diesem mehrstöckigen Vier-Sterne-Hotel, am Service wird leider etwas gespart. Helle, freundliche Zimmer. Spärliches Frühstück.
Estrada Monumental, 284;
Tel. 2 91 76 64 66, Fax 2 91 76 63 45;
201 Zimmer, 32 Studios
★★ AmEx DINERS EURO VISA

Pestana Village Garden Resort
westlich ■ a 6
Großes, modernes Resorthotel mit Schwerpunkt auf Fun, Relax und Body. Für die äußere Erscheinung griff der Architekt zu landestypischen Formen und gewissen Spielkastenelementen, beim Interieur in die Kiste mit orientalischen Geschmacksrichtungen – eine etwas absonderliche Mischung, aber mit Charme. Abends Livemusik im Wintergarten.
Estrada Monumental; Tel. 2 91 70 16 00,
Fax 2 91 76 39 88; 184 Zimmer
★★★★ AmEx DINERS EURO VISA

Quinta da Bela Vista MM
nordwestlich ■ a 3
Der pure Luxus. Das einstige Herrenhaus in exponierter Hanglage wurde in eine Fünf-Sterne-Estalagem umfunktioniert, durch und durch erstklassig. Antikes Mobiliar muss man allerdings mögen, wenn man hier absteigt. Bei schönem Wetter kann man inmitten eines paradiesischen Gartens am Pool liegen und auftanken.
Caminho do Avista Navíos, 4;
Tel. 2 91 70 64 00, Fax 2 91 70 64 11;
www.qbvista,pt; 67 Zimmer
★★★★ AmEx DINERS EURO VISA

Quinta da Fonte MM nördlich ■ c 1
Villa von 1850 im typisch madeirensischen Stil. Gediegene Eleganz strahlt aus allen Winkeln, antike Möbel erzählen von vergangenen Tagen. Die Zimmer sind mit unterschiedlichem Mobiliar ausgestattet. Ein herrlicher Blumen- und Obstgarten erstreckt sich rund ums Haus.
Estrada dos Marmeleiros, 89;
Tel. und Fax 2 91 23 53 97; 5 Zimmer
★★ AmEx DINERS EURO VISA

Quinta da Penha de França M ■ b 5
Die Albergaria verfügt über alle Zutaten eines Luxusquartiers: Herrenhaus-Atmosphäre, Meerblick, Garten, Swimmingpool, Zimmer mit allem Komfort.
Rua da Penha de França, 2;
Tel. 2 91 20 46 50, Fax 2 91 22 92 61;
102 Zimmer
★★★ AmEx DINERS EURO VISA

Quinta Perestrelo M ■ a 5
Einer der Klassiker unter den Landhäusern. Vier-Sterne-Estalagem in Hanglage mit blumenreichem Garten und Pool. Zimmer im altportugiesischen Stil. Leider direkt an der Hauptstraße.
Rua do Dr. Pita, 3;
Tel. 2 91 76 23 33, Fax 2 91 76 37 77;
28 Zimmer
★★★ AmEx EURO VISA

Reid's Hotel M ■ a 6
Der Klassiker der madeirensischen Luxushotellerie – und ein Klassiker der Leading Hotels of the World. 1891 wurde das Grandhotel von dem Schotten William Reid eröffnet – auf einer Insel, was selbst für damalige Verhältnisse extrem elitär war. Wer auf sich hielt, stieg hier ab. Hier wurde Weltpolitik gemacht und Literatur geschrieben, hier wurden Rollen einstudiert. Das Gästebuch belegt Prominentenbesuch von Sir Winston Churchill, George Bernhard Shaw, Gregory Peck, John dos Passos und vielen anderen bekannten Namen mehr. Bis heute pflegt das schweizerische Management britisches Understatement von der Rezeption bis zur Cocktailbar. Der Service schmeckt dagegen manchmal nach schottischer Sparsamkeit. Das Flair von gestern spürt man bis in die hintersten Zimmerwinkel, auch die ächzenden Fahrstühle gehören dazu. Im stets tadellos gepflegten Garten liegt jede Palmenschuppe an ihrem Platz. Wer sich eine Nacht hier nicht leisten kann oder will, sollte zumindest zur traditionellen Tea-time die britische Atmosphäre, den sagenhaften Ausblick auf die Bucht von Funchal und die unübertroffenen Sandwiches zelebrieren (tgl. 15–18 Uhr; 20 €. Reservieren!). Swimmingpool mit ordentlicher Größe und eine Meerwassersportanlage, zu der ein Lift nach unten führt, verstehen sich von selbst. Lärmempfindliche sollten um ein Zimmer weit entfernt vom Fahrstuhl bitten.
Estrada Monumental, 139;
Tel. 2 91 76 30 01, Fax 2 91 71 71 77;
169 Zimmer
★★★★ AmEx DINERS EURO VISA

Santa Clara ■ c 3
Die alte Villa ist heute eine Pension. Die Zimmer sind einfach, aber in Ordnung. Beim Frühstück auf der Terrasse bietet die Hanglage einen herrlichen Blick.
Calçada do Pico, 16;
Tel. 2 91 74 21 94, Fax 2 91 74 32 80;
15 Zimmer ★

Vila Terezinha ■ c 3
Einfaches, gepflegtes Residencial aus den dreißiger Jahren mit Blick auf die Dächer Funchals. Kleine, zweckmäßige Zimmer. Ideal für Reisende mit schmalem Portemonnaie.
Rua das Cruzes, 21;
Tel. 2 91 74 17 23, Fax 2 91 74 45 15;
12 Zimmer
★ AmEx DINERS EURO VISA

Vila Vicência M südwestlich ■ a 5
Ein Vier-Sterne-Komplex im Landhausstil. Familiäre Atmosphäre, geschmackvolle Einrichtung in antik. Die subtropische Gartenanlage ist so schön, dass man das Meer nicht vermisst. Der Pool ist allerdings zum Schwimmen zu klein; da bleibt nur der nahe Lido.
Caminho Velho da Ajuda, 45;
Tel. 29 17 71 15 27, Fax 2 91 77 15 38;
30 Zimmer
★★★ AmEx DINERS EURO VISA

Windsor ■ e 3
Wer im alten Stadtkern wohnen möchte, ist hier richtig. Ordentliches Hotel mit Swimmingpool auf dem Dach.
Rua das Hortas, 4;
Tel. 2 91 23 30 81, Fax 2 91 23 30 80;
67 Zimmer
★★ AmEx DINERS EURO VISA

Oben: Azulejos – gebrannte, glasierte Kacheln – wurden von den Arabern in Portugal eingeführt.

Mitte: Blick auf Funchal, das touristische Herz an der Südküste.

Unten: Der dekorativ gepflasterte Rathausplatz, Praça do Município, in Funchal.

Spaziergang

Das **Denkmal des Entdeckers,** João Gonçalves Zarco, ist ein guter Start für einen etwa zweistündigen Spaziergang durch Funchals Altstadt. Ein Bummel durch die Avenida Arriaga, wo ihm die Stadt seinen Ehrenplatz zugewiesen hat, ist besonders schön, wenn die vielen Jacaranda-Bäume in der Mitte ihre violette Farbenpracht entfalten (April bis Juni). Sie steuern direkt auf die alte **Sé** zu, die als eines der wenigen Bauwerke im manuelinischen Stil erhalten blieb und zeitlich zu Zarco passt. Folgen Sie der Rua do Aljube und biegen links in die Rua dos Ferreiros ein, in der früher die Schmiede das Eisen zum Verschließen der Zuckerkisten in Form brachten. Nach einigen Metern öffnet sich der weitläufige **Rathausplatz** mit seinem harmonischen Barock-Ensemble aus **Câmara Municipal**, der mächtigen **Jesuitenkirche**, dem alten **Bischofspalast** und den Bürgerhäusern. Einige Cafés bieten ihre Stühle und Sonnenschirme für eine Pause an.

Weiter geht's durch die lebendige Rua C. Pestana, in deren Mitte Sie links auf die Fußgänger- und Shopperstraße Rua João Tavira stoßen. Sie spazieren hier über ins Straßenpflaster eingelegte Symbole aus der Vergangenheit wie die Karavelle, das Kreuz des Christusritterordens, eine Kompassrose oder Hängemattenträger. Am Ende bringt Sie die Straße zur **Alfândega Velha**, dem Alten Zollhaus, und der Avenida do Mar, wo Ihnen bereits salzhaltige Meerluft um die Nase weht. Wenden Sie sich nach rechts, und Sie gelangen nach wenigen Schritten zur **Fortaleza de São Lourenço**, der wehrhaften Festung des heiligen Laurentius, und zur Uferpromenade.

Sehenswertes

Alfândega Velha ■ d 4

Funchals erstes Zollhaus wurde 1477 begründet, zu einer Zeit, als im Hafen von Funchal kistenweise Zucker umgeschlagen wurde. König D. Manuel I. ließ 1508 ein neues Zollhaus mit monumentalen Dimensionen errichten, das er zugleich als Residenz nutzte. Der architektonische Überschwang jener Zeit fiel dem Erdbeben von 1748 zum Opfer. Vom manuelinischen Ursprungsbau stammt nur noch das Nordportal in der Rua da Alfândega. Der Neubau trägt barocke Züge; 1940 wurde er zum Nationaldenkmal erklärt, und seit 1987 ist er Sitz des Regionalparlaments. Das Gebäude kann nur außerhalb der Tagungszeiten besichtigt werden.
Rua de António José d'Almeida

Blandy's Garden ■ B 12, S. 120

Blandy's Garden ist ein Superlativ unter den Gartenanlagen Funchals, 9 km außerhalb der Stadt. Den Grundstein für den herrlichen Park legte im 19. Jh. der Graf de Carvalhal, der mitten im Grünen das Landhaus Quinta do Palheiro Ferreiro als Jagdsitz baute und drumherum einen Vergnügungspark schuf. Später wurde der ganze Besitz an die Blandy's verkauft – alter Weinadel und Madeiras reichste Familie – und ein Teil der Anlage zur Besichtigung freigegeben. Englische und französische Architekten haben künstlerisch Hand angelegt, der Natur eine Form gegeben. Aus der Pflanzenwelt Madeiras sind auch einige endemische Gewächse zu sehen.
Auf der EN 102 Richtung Camacha;
Mo–Fr 9.30–12.30 Uhr; Eintritt 7,50 €

Câmara Municipal/Paços dos Concelhos ■ d 3

An der Stirnseite des großzügigen Rathausplatzes ließ sich im 19. Jh. der Graf von Carvalhal, einer der da-

mals reichsten Männer von Madeira, den barocken Prunkpalast bauen, in dem heute die Câmara Municipal, das Rathaus, untergebracht ist. Über dem Eingang prangt das Funchaler Wappen – fünf Zuckerhüte und vier Weintrauben als Symbole für die frühen Säulen der Inselwirtschaft. Im Erdgeschoss war das Gesinde untergebracht, hier lagerten Weinfässer und wurden die Pferde gesattelt; in der Beletage darüber residierte der Graf selbst. Im leuchtturmartigen Aufsatz auf dem Dach wachten »Mastgucker« über die Ankunft der Schiffe, so dass Carvalhal seine Geschäfte im Hafen bereits abgewickelt hatte, wenn die anderen Händler erst eintrafen. Den prachtvollen Innenhof schmücken ein Brunnen, Treppengalerien und blauweiße Azulejo-Bilder.
Praça do Município

Convento de Santa Clara ■ c 3
Das Klarissinnenkloster stammt aus dem 17. Jh., der Ursprungsbau von 1492. Die Töchter der reichsten Familien waren Mitglieder dieses Ordens, daher seine Bedeutung. Die Klosterkirche ist ein Muss für jeden Fliesenliebhaber, denn sie ist reich mit blauen, gelben und weißen Azulejos aus verschiedenen Epochen verkleidet. Im Angesicht des Altars befinden sich unter dem Holz die Gräber von João Gonçalves Zarco, João Gonçalves da Câmara und Simão Gonçalves da Câmara, der ersten drei Lehnsherren von Funchal.
Calçada de Santa Clara

Fortaleza de São Lourenço ■ d 4
Die erste Festung auf Madeira. Seit ihrem Bau im 16. Jh. wurde sie mehrfach umgebaut und immer stärker befestigt. Allein der Ostturm hält schon gut 500 Jahre dem Sturm der Zeit stand, wofür das Wappen König D. Manuel I. spricht. Die Festung beeindruckt auch heute noch durch die wuchtigen Kanonen und die schwerbewaffneten Soldaten, die das Haupttor in der Avenida Zarco und damit den hier residierenden Republikminister und Militärkommandanten bewachen. Innenbesichtigung nicht möglich.
Largo da Restauração

Fortaleza do Pico ■ b 3/c 3
Hoch auf einem Berg thront diese Festung 111 m über Funchal – ein ausgezeichneter Aussichts- und Verteidigungspunkt. Die ersten Arbeiten waren 1632 beendet, fertig war der Bau aber erst nach dem Ende des spanischen Intermezzo 1640. Innenbesichtigung nicht möglich.
Calçado do Pico

Igreja de São Pedro ■ c 3
Keine Berühmtheit von außen, von innen jedoch eine Freude für Liebhaber portugiesischer Azulejos: Das Kirchenschiff sowie die Sakristei sind reich mit weiß-blauen Fliesen aus dem 17. Jh. geschmückt, die mit der barocken **talha dourada** eine harmonische Verbindung eingehen.
Rua de São Pedro

Igreja do Colégio ■ d 3
Die Jesuitenkirche mit angeschlossenem Kolleg baute sich der mächtige Orden im 17. Jh.; ein wuchtiger, dreistöckiger Klotz mit Dach, der sich majestätisch und kalt über dem Rathausplatz erhebt. Die Ordensbrüder waren 1569 nach Madeira gekommen, um den Einfluss fremder Glaubensrichtungen zu verdrängen, wurden aber 1760 im Zuge des Antiklerikalismus selbst vertrieben. Das Kolleg, früher elitäre Lehranstalt für die Söhne reicher Familien, gehört seit 1975 zur Universität. In den Nischen der erbarmungslos geradlinigen Fassade – ein stilistisches Merkmal der Antireformer – stehen vier Marmorstatuen, darunter der Ordensgründer Ignatius von Loyola. Im Gegensatz zu

ihrer äußeren Strenge und Schlichtheit ist das Innere reich mit Azulejos, **talha dourada** und Gemälden ausgestattet. Die Igreja do Colégio ist ohne Frage die imposanteste Kirche ganz Madeiras.
Praça do Município

Instituto de Bordados, Tapeçaria e Artesanato de Madeira ■ e 3
Die Stickerei hat die schönsten, feinsten, hauchdünnsten Kreationen hervorgebracht. Die älteste Madeira-Stickerei in der Ausstellung des Instituts für Kunsthandwerk stammt aus den sechziger Jahren des 19. Jh. Anhand der Schaukästen lässt sich die Entwicklung der Mode vom Jugendstil zum Art déco bis in die vierziger Jahre zurückverfolgen. Edelste Stickereien und Gobelins sind darunter, auch ein gesticktes Porträt von Winston Churchill. Außerdem sind madeirensische Trachten, Musikinstrumente, etwa der typische **brinquinho**, und historisches Handwerkszeug im Institut zu bewundern.
In der Eingangshalle wird der Besucher mit einem riesigen gewirkten Wandteppich empfangen. 14 Mädchen arbeiteten drei Jahre lang an dieser »Allegorie von Madeira«, die sich aus etwa sieben Millionen Stichen zusammensetzt; sie ist unbezahlbar. Als preiswerte Alternative werden Sets zum Selbermachen angeboten.
Rua do Visconde do Anadia, 44

Jardim Botánico nordöstlich ■ f 1
Da der Botanische Garten, auch **Quinta do Bom Sucesso** genannt, sehr beliebt ist, ist er oft ziemlich überlaufen. Er gehörte einst zum Privatbesitz der Familie Reid, ist heute aber für jedermann zugänglich. Auf weiten Terrassen und Rabatten gedeiht eine umfangreiche Sammlung von Pflanzen und Bäumen – ein Paradies für jeden Pflanzenliebhaber. Die hohe Lage auf 305 m über dem Meer ermöglicht einen gelassenen Blick auf die hektische Stadt und die Bucht. Auf demselben Gelände befindet sich ein Orchideengarten, **Jardim Orquídea**, Eintritt 2,50 €, in dem rund 3000 Exemplare der edlen Blume zu sehen sind.
Rua Pita da Silva, 37 – Quinta do Bom Sucesso; tgl. 9–18 Uhr; Eintritt 1,50 €

Mercado dos Lavradores ■ e 3/e 4
6
Bunt, quirlig, laut und farbenfroh geht es auf dem »Bauernmarkt« zu. Trotz der zahlreichen Supermärkte und Einkaufszentren ist die 1941 erbaute Markthalle Brennpunkt des städtischen Lebens geblieben. Im Haupteingang werden die Käufer von mit blauweißen Kachelgemälden geschmückten Wänden erwartungsfroh gestimmt. Der Vorraum ist den Blumenfrauen in ihrer leuchtenden, bunt gestreiften Madeira-Tracht vorbehalten, die an ihren Ständen Strelitzien und andere Herrlichkeiten anbieten. Im zweistöckigen Atrium sind Obst und Gemüse sorgfältig und augenfängerisch auf den Ständen gestapelt – probieren Sie die exotischen Früchte! Typisch sind die Mosaikarbeiten auf dem Fußboden; die dunklen Steine sind madeirensischer Basalt, aus Portugal stammt der weiße Marmor. In den Seitenräumen haben Fleisch, Würste, Käse, Milchprodukte, Korb- und Lederwaren ihren Platz. In der Fischhalle reihen sich die **peixes espada,** Degenfische, die wie überdimensionierte Aale über den Verkaufstischen hängen, aneinander.
Schwarz, mit hervorquellenden Riesenaugen und dem scharfen Gebiss, sehen sie ziemlich hässlich aus, schmecken aber köstlich.
Rua Hospital Velho;
Mo–Fr 7–20, Sa 7–14 Uhr (beste Tage Fr/Sa)

Praça do Município ■ d 3
Die Stadt gibt sich ein vornehmes Entrée. Der Rathausplatz mit seinem

Oben: Im Brunnenhof der Câmara Municipal (→ S. 32), dem Rathaus Funchals.

Mitte: Ein schönes Plätzchen in der Altstadt, um sich vom Bummeln zu erholen.

Unten: Der Blumenmarkt in Funchal.

dekorativen Pflastermosaik strahlt Glanz und Erhabenheit aus – die weißen Steine sind aus Marmor, die schwarzen aus Lavagestein. Zu seinen vier Seiten bildet sich ein harmonisches Ensemble aus barocken Bauwerken, deren Fassaden einheitlich kalkweiß getüncht, die Fenster von dunklem Basalt umrahmt sind.
Zu jeweils zwei Seiten repräsentiert die Platzbebauung den Gegensatz von weltlicher und kirchlicher Macht: auf der Stirnseite die **Câmara Municipal**, zu ihrer Rechten der ehemalige Bischofspalast aus dem frühen 17. Jh., der jetzt das **Museu de Arte Antiga**, Museum für alte Kunst, beherbergt. Die **Igreja do Colégio**, noch eindrucksvoller als der Stadtpalast, erhebt sich majestätisch an der Nordseite. Auf der vierten Seite stehen Bürgerhäuser. In der Platzmitte, an Gesetz und Ordnung mahnend, der Pranger; die Armillarsphäre, das Kreuz der Christusritter und das portugiesische Wappen weisen sein manuelinisches Baudatum aus.

Quinta Vigia ■ c 4/c 5

Rosé ist eine aristokratische Farbe. Dieses so angestrichene Herrenhaus aus dem 17. Jh. verweist denn auch auf seinen hoheitlichen Bewohner: Er heißt João Jardim, ist Sozialdemokrat und Präsident der Regionalregierung Madeiras. Besucher kommen ins Haus nicht hinein, wohl aber in den schön angelegten Park, **Jardim de Santa Catarina**. Blumen, Palmen, Vogelkäfige, eine Kolumbus-Statue und eine kleine weiße **Capela de Santa Catarina**, Namensgeberin und die vermutlich älteste Kapelle der Insel, sind seine Schmuckstücke.
Die Hanglage des Anwesens ermöglicht dem Besucher eine wunderbare Aussicht auf Hafen und Bucht, am östlichen Ende auf die Rotunda do Infante mit der Statue von Heinrich dem Seefahrer.
Avenida do Infante

Sé ■ d 4

Die Arbeiten an der wuchtigen Kathedrale, kurz Sé genannt (von **sedes episcopales** (»Sitz des Bischofs«), begannen 1493 und dauerten mehr als 20 Jahre. Zum überwiegenden Teil entstand der Bau während der Regierungszeit von König D. Manuel I., was an verschiedenen Elementen der manuelinischen Architektur, etwa dem königlichen Wappen über dem Portal und dem Kreuz der Christusritter als Giebelschmuck, zu erkennen ist. Durch die Schießschartenfenster fällt nur wenig Licht, so dass die mudejare Deckenmalerei auf geschnitztem Zedernholz, eines der schönsten Stilmerkmale des Manuelismus, im Detail kaum zu erkennen ist. Die romanische Strenge des Äußeren setzt sich in der großen Schlichtheit des Inneren fort. Allein der Altarraum ist nobel ausgestattet. Weihwasserbecken und die Kanzel waren Geschenke von D. Manuel I. an die Kathedrale.
Rua da Sé; tgl. 7.30–11 und 16.30–18.30 Uhr, Messen tgl. 8, 8.30, 11.15, 17.45 und 18.15, So auch 7 und 9 Uhr

Museen

Casa-Museu Frederico de Freitas ■ c 3

1978 vermachte der Rechtsanwalt und Kunstfreund Frederico de Freitas seine Sammlung in Form einer Stiftung den Madeirensern. In 13 Räumen kann man sich jetzt eine Vorstellung von der Wohnkultur des letzten Jahrhunderts machen. Liebevoll arrangiert sind geschnitzte Möbel, Tischporzellan und andere Gegenstände des täglichen Lebens, Kunstgegenstände wie Gemälde, Teppiche, Fliesen und Silber vom 13. bis 19. Jh. Das Museum verbirgt sich hinter der langen Mauerwand.
Calçada de Santa Clara; Di–Sa 10–12.30 und 14–18 Uhr; Eintritt 1,50 €

Museu da Fotografia Vicentes ■ d 3
1865 gründete Vicente Gomes da Silva in Funchal das erste Fotoatelier Portugals. Bis 1972 schossen und entwickelten er und seine Nachfolger hier Fotos. Rund 380 000 Negative sind archiviert, die das Leben auf Madeira über einen Zeitraum von mehr als einem Jahrhundert dokumentieren.

Seit 1982 fungiert das Atelier als Fotomuseum, der Originalzustand blieb erhalten. Neben ausgedienten Kulissen, Möbeln, Kameras und Leuchten, die im Obergeschoss zu bestaunen sind, gibt es einen Patio mit Café, in dem das Flair des alten Funchal noch lebendig ist.
Rua da Carreira, 43

Museu da Madeira Wine Association – Adegas de São Francisco ■ d 4
Umgeben von Spinnweben und modrigem Geruch, taucht man in der bekanntesten Weinkellerei Madeiras in die Welt von Fässern und Trauben ab. Einst Teil des Franziskanerklosters, wandelt der Besucher heute in den düsteren, gut klimatisierten Kellern auf den Spuren von Malvasia und Verdelho. Nebenan liegt die Werkstatt des Küfers, der sich während der Führungen extra an die Arbeit macht. Danach Weinprobe von drei bis fünf und zehn Jahre alten Tropfen und natürlich Verkauf.
Avenida Arriaga, 28; Weinkeller Mo–Fr 9.30–13 und 14.30–18.30, Sa 9.30–14 Uhr; Museumsführungen 10.30 und 15.30, Sa 11 Uhr; Eintritt mit Führung 2,50 E

Museu da Quinta das Cruzes ■ c 3
In dem roséfarbenen Herrenhaus, das inmitten eines schönen Parks mit altem Baumbestand, Blumen und einer Orchideenzucht liegt, geht der Besucher auf knarrenden Holzbohlen den Spuren der Glanzzeit Funchals nach. Die 16 Räume vermitteln ein Gefühl vom luxuriösen Lebensstil der höheren Gesellschaft des 17. bis 19. Jh. Dank weit reichender Handelsbeziehungen konnten sie sich mit Kunstgegenständen aus aller Welt – etwa mit Möbeln aus England, Porzellan von der East India Company, Truhen aus alten brasilianischen Zuckerkisten, Elfenbein, Intarsien und anderen Schätzen aus den portugiesischen Kolonien – umgeben. Eine Hängematte erinnert an fußfaule Vornehme, einige Fundstücke an den Schiffbruch einer holländischen Galeone 1724 vor Porto Santo. In dem kleinen archäologischen Park vor dem Eingang vermodern Wappensteine, Grabplatten und ein alter **pelourinho** (Schandpfahl), umrankt Efeu zwei manuelinische Fenster, darunter das **Janela de Colombo**. An diesem Ort soll der Entdecker João Gonçalves Zarco seinerzeit gelebt haben.
Calçada do Pico, 1; Di–So 10–12.30 und 14–18 Uhr; Eintritt 1,75 €

Museu de Arte Contemporânea ■ f 4
In der alten Fortaleza de São Tiago ist das Museum für Moderne Kunst untergebracht. Kein Louvre, aber an den Wänden hängen Gemälde von madeirensischen und portugiesischen Künstlern, etwa von Nuno Sequeira, Emília Nadal und Jorge Pinheiro.
Largo do Corpo Santo; Mo–Fr 10–12.30 und 14.30–17.30 Uhr; Eintritt 1,75 €

Museu de Arte Sacra ■ d 3
2
Aus der Zeit des Zuckerbooms stammen die kostbaren flämischen Gemälde, die im Museum für sakrale Kunst zu sehen sind. Es war damals bei den reich gewordenen Kaufleuten und bei Regenten, aber auch beim Klerus in Mode gekommen, Malerei als Währung im Tausch gegen den kostbaren Zucker einzusetzen.

Wenn für den Besucher in der fensterlosen Gemäldegalerie im Erdgeschoss Licht angeschaltet wird, erklingt Kirchenmusik, was eine feierlich-eindrucksvolle Stimmung erzeugt. Im zweiten Stock sind Skulpturen, liturgische Gewänder sowie sakrale Gold- und Silberkunst ausgestellt. Hier wird auch das Prozessionskreuz aufbewahrt, das König D. Manuel I. der Kathedrale anlässlich der Weihe stiftete.

Das Museum befindet sich im alten Bischofssitz, in einer schmalen Gasse hinter der Praça do Município. An dem unscheinbaren Eingang kann man leicht vorbeilaufen.
Rua do Bispo, 21; Di–Sa 10–12.30 und 14–18, So 9–12.30 Uhr; Eintritt 2,25 €

Museu de História Natural nordöstlich ■ f 1
Das kleine Museum ist auf dem Gelände des Jardim Botánico untergebracht. Es basiert auf den Sammlungen des deutschen Ornithologen Ernst Schmitz, die er seit 1881 anlegte. Sorgfältig auf Nadeln gepiekste Insekten sind zu sehen, ausgestopfte Vögel, konserviertes Meeresgetier, Algen und Korallen, von denen viele ausschließlich auf Madeira vorkommen.
Caminho do Meio, Quinta do Bom Sucesso; tgl. 9–18 Uhr; Eintritt in der Karte zum Jardim Botánico enthalten

Museu do Açucar ■ d 4/e 4
Als Archäologen bei ihren Ausgrabungen einen 7 m tiefen alten Zisternenbrunnen fanden, wurde dieser 1996 als Standort für ein neues Museum auserwählt. Es ist der Geschichte des Zuckers gewidmet, dem Madeira seinen frühen Reichtum zu verdanken hat. Unter den nicht sehr zahlreichen Ausstellungsstücken sind einige kostbare Kacheln, bronzene Maßgefäße und Amphoren zu sehen. Ein kleines modernes Museum, Erklärungen leider nur auf Portugiesisch.
Casa de João Esmeraldo, Praça do Colombo; Mo–Fr 10–12.30 und 14–18 Uhr; Eintritt 1,50 €

Museu do Vinho ■ d 3
Das Weinmuseum befindet sich im staatlichen Weininstitut, Instituto do Vinho da Madeira. Hier kann man sich einen Überblick über die traditionelle Herstellung des Madeiraweins verschaffen. Alte Arbeitsgeräte, Rechnungsbücher aus dem 18. Jh. sowie die Weinschläuche aus Ziegendarm (**borrachos**), die einst benutzt wurden, um den Traubensaft aus den Bergen ins Tal zu befördern, zeigen den Gegensatz zwischen gestern und heute.
Rua 5 de Outubro, 78; Mo–Fr 9.30–12 und 14.30–17 Uhr; Eintritt frei

Museu Municipal ■ c 3
Das Stadtmuseum ist ein Naturkundemuseum. Seit 1929 befindet es sich im Palácio de São Pedro, wo es sich inzwischen zur größten Sammlung madeirensischer Flora, Fauna und Geologie gemausert hat. Durch und durch altmodisch und ohne Schnickschnack sind präparierte Fische, Vögel und Insekten des Archipels in den Glasvitrinen im zweiten Stock ausgestellt. In dem kleinen, dunklen Aquarium im Erdgeschoss tummeln sich schieläugige Barsche, hochmütige Drückerfische und allerlei Meerestiere, die typisch für die Gewässer Madeiras sind.
Rua da Mouraria, 31;
Di–Fr 10–18, Sa, So und an Feiertagen 12–18 Uhr; Eintritt 1,35 €

Essen und Trinken

Lassen Sie sich bei Ihrem Bummel durch die Altstadt Funchals, die Zona Velha, nicht gleich vom erstbesten »Catcher« ins Lokal abschleppen. Die als »typisch« angepriesenen Restaurants in der Rua D. Carlos I. bis hin zum Largo do Corpo Santo sind nicht selten teurer Touristennepp. Oft genügt es, weiter in die Gassen der Altstadt vorzudringen, um wirklich madeirensisch zu essen und auch

Oben: Das örtliche Leben spielt sich – wie hier auf der Rua Carlos I. – zum großen Teil auf der Straße ab.

Mitte: Im Weinmuseum Funchals lagert so mancher gute Tropfen. Eine Flasche Terrantez von 1899 ist für 570 € zu haben.

Unten: Ein aristokratisches Herrenhaus, die Quinta Magnólia.

Madeirenser am Nachbartisch zu treffen. Schauen Sie ruhig einmal in ein unbekanntes, vielleicht etwas düster wirkendes Restaurant in einer Seitenstraße, etwa in der Parallelstraße Rua Santa Maria, hinein und prüfen die Atmosphäre. Was bei den Madeirensern auf den Tisch kommt, ist in aller Regel einfach, aber wohlschmeckend, jedenfalls keineswegs so exotisch, dass es der europäische Gaumen nicht verkraften würde. Viele nette, einfache, günstige Restaurants finden Sie in der Rua da Carreira.

Cá te espero westlich ■ a 6
»Hier warte ich auf Dich« – so könnte man den Namen etwa übersetzen. Das ist ein Versprechen, das eingehalten wird. Die Inselspezialität **espetada** wird original und schmackhaft zubereitet.
Caminho Velho da Ajuda, 38;
Tel. 2 91 76 50 96; tgl. 12–15 und 18.30–23 Uhr ★★

Café do Teatro ■ d 4
Café mit italienischem Flair, Bar-Charakter und studentischem Publikum. In dem kleinen Garten hat man das geschäftige Funchal schnell vergessen. Nachts versammelt sich hier die Szene.
Avenida Arriaga; tgl. außer So 8–2 Uhr

Casa dos Reis ■ b 5
Feine internationale Küche nach portugiesischer Manier. Schlichtes, stilvolles Ambiente, etwas snobistisch vielleicht. Das Restaurant ist klein, so dass man eng zusammenrückt. Treffpunkt der Funchaleser Yuppies jeden Alters.
Rua Imperatriz D. Amélia, 101;
Tel. 2 91 22 51 82; tgl. ab 19 Uhr
★★★ AmEx EURO VISA

Casa Velha do Palheiro östlich ■ f 3
Schon die Lage ist ein Traum: Umgeben von altem Baumbestand, hat sich dieser Gourmettempel eines der schönsten Plätzchen über Funchal ausgesucht. In der Küche führt der Engländer Jonathan Bishop das Regiment, der wohl einzige Starkoch auf der Insel. Das Restaurant befindet sich in der gleichnamigen Fünf-Sterne-Estalagem. Da es nur wenige Tiche besitzt, unbedingt reservieren!
Palheiro Golf/S. Gonçalo;
Tel. 2 91 79 49 01; tgl. 13-14.30 und 19-22 Uhr
★★★★ AmEx DINERS EURO VISA

Embaixador Madeirense
Das kleine Restaurant in der Altstadt versteht sich als eine Art Botschafter der madeirensischen Küche: Auf Regionalrezepte wird hier noch Wert gelegt.
Rua de Santa Maria 10–12;
Tel. 2 91 22 46 55; tgl. 12-24 Uhr
★/★★ EURO VISA

Fim do Século ■ b 3/c 3
Die Liebe zur Jahrhundertwende spiegelt sich nicht nur im Namen, sondern auch in der Dekoration. Der Chef kocht zeitgenössisch – Regionales und Internationales.
Rua da Carreira, 144; Tel. 2 91 22 44 76;
tgl. 12–15.30 und 18–23 Uhr, So geschl.
★★

Marisa M ■ f 4
Gemütliches kleines Restaurant in der Altstadt. Küchenchef Santos hat es nach seiner Tochter benannt. Frischer Fisch und **arroz de marisco** (Reis mit Meeresfrüchten) gehören zu seinem Standardprogramm; er serviert Ihnen auf Wunsch (und Vorbestellung) aber auch Spanferkel (**leitão**) oder Zicklein (**cabrito**).
Rua de Santa Maria, 162; Tel. 2 91 22 61 89;
tgl. 10.30–24 Uhr ★★ EURO VISA

O Solar da Santola ■ d 4
Fischspezialitäten mit dümpelnden Jollen im Blickfeld serviert dieses Terrassenrestaurant im Funchaler Hafen.
Marina do Funchal; Tel. 2 91 22 72 91;
tgl. 11–1 Uhr ★★★ EURO VISA

Tartaruga ■ f 4
Minirestaurant im alten Hafenviertel, wo einst Schildkröten zu Suppe verarbeitet wurden – das gibt es freilich schon lange nicht mehr, dafür aber regionale Hausmannskost. Die Tische stehen draußen auf dem Kopfsteinpflaster.
Largo do Corpo Santo, 4; Tel. 2 91 23 39 67; tgl. geöffnet; bei Regen und Nov.–April geschl. ★ bis ★★

O Tonel
Internationale Küche mit madeirensischer Note. Der Küchenchef ist ein Gemüse-Fan: Wer also gerne viel davon isst, ist hier richtig.
Azinhaga da Casa Branca;
Tel. 2 91 77 32 47;
tgl. 18–22 Uhr, Mo geschl.
★★ AmEx DINERS EURO VISA

Einkaufen

A Estufa ■ d 3
Exotische Blumen in madeirensischer Vielfalt. Strelitzien oder Orchideen werden reisefertig verpackt.
Rua do Castanheiro, 39

Artur de Barrosue Sousa ■ d 3
Der einzige Madeira-Weinproduzent, der noch nach den alten Methoden arbeitet (Holzfässer, kein künstliches Erhitzen).
Rua dos Ferreiros, 109

Casa do Turista M ■ d 4
Madeirensisches Kunsthandwerk à la carte. Hier finden Sie alles, was das Herz an Souvenirs begehrt.
Rua Conselheiro José Silvestre Ribeiro, 2; tgl. 9.30–13 und 14.30–19, Sa 9.30–13 Uhr, So geschl.

J. Faria & Filhos, Lda. ■ a 3/b 4
Süßes Hochprozentiges wie etwa Maracuja- und Bananenlikör, Poncha, Zuckerrohrschnaps (Aguardente) und Fruchtsaftkonzentrate.
Rua das Maravilhas, 25 C

O Barril M ■ d 4
Feine Auswahl bester Madeiraweine. Wenn man lange bleibt und viel verkostet, kommt man ziemlich vergeistigt heraus ...
Rua de São Francisco, 2

Patrício & Gouveia, Sucrs, Lda. M ■ e 3
Ein ganzes Haus voller zarter Spitzen und Lochmuster, alles »Original Madeira«. Hier gibt es nichts ohne die Echtheit ausweisende Plombe – und das hat seinen Preis.
Rua do Visconde do Anadia, 34

Vinho Barbeito Lda. M ■ a 6
Wer wie Shakespeares Falstaff seine Seele für Madeirawein verkaufen möchte, hier hat er Gelegenheit.
Estrada Monumental, 145;
Führungen 8.30–13 und 14–18 Uhr

MERIAN-Tipp

Restaurant Jaquet Einfach, aber gut, und es ist immer viel los. Hinter der Brettertür sitzt man auf knapp bemessenen Rohrstühlen und nacktem Fußboden. Die Küchenchefin kauft nur frische Meerestiere ein, die sie unter den Blicken ihrer Gäste zubereitet. Ihr Mann sorgt sich auf unkonventionelle Art um den Service. Rua de Santa Maria, 5a; Tel. 22 53 44; tgl. ab 11 Uhr, So geschl. ★ ■ e 4

Am Abend

Die meisten großen Hotels bieten Abendveranstaltungen wie etwa Fado an. Da viele Gäste dieses Angebot annehmen oder früh ins Bett gehen, sind weder Funchal noch das restliche Madeira ein ausgesprochenes Pflaster für Nachtschwärmer.

Bars

In den Bars der Marina ist bis spät in die Nacht immer etwas los. Die Rua da Carreira oder die Rua da Imperatriz D. Amélia sind gute Adressen.

Berilights westlich ■ a 6
Nach der nötigen Anzahl Longdrinks wird man auf den Stühlen mit Tigerdekor zum Tier. Nachts quirlige Atmosphäre. Aber auch für ein spätes Frühstück, zum Zeitunglesen, Musikhören und ein Schwätzchen an der Bar ein idealer Platz.
Estrada Monumental (beim Lido); tgl. ab 10 Uhr bis in die späte Nacht geöffnet

Manny's Bar ■ a 5/e 4
Superschickes Nachtlokal im Jugendstil-Ambiente. Ein Muss für Nachtschwärmer. In der Quinta Palmeira.
Avenida do Infante, 5; Tel. 2 91 22 18 14, 2 91 22 29 07; tgl. 21–2 Uhr

Marcelino Pão e Vinho M M ■ f 4
Auch »Brot-und-Wein-Bar« genannt. Im Altstadtviertel Funchals, wo man auch Fado hören kann. Der Wirt greift zur Gitarre, wenn genügend Leute da sind.
Travessa das Torres, 22;
Tel. 2 91 22 02 16; tgl. 22–4 Uhr

The Prince Albert Pub M ■ b 5
Very british, ein authentisch viktorianischer Pub. Treffpunkt für Jung und Alt, Dick und Dünn und natürlich viele Engländer zum Bier oder Whiskey.
Rua Imperatriz Dona Amélia, 86;
Tel. 2 91 23 57 93; tgl. 12–2 Uhr

Casino

Casino da Madeira ■ b 5/c 5
Von außen sieht das Casino aus wie ein soeben gelandetes Ufo, ein funktionaler Bau, der an Brasiliens Hauptstadt Brasilia erinnert. Kein Wunder, denn die Pläne stammen von dem brasilianischen Architekten Oscar Niemeyer. Drinnen sorgen über 200 Slot-Machines für klingende, rasselnde Atmosphäre. Ohne Schlips und Kragen, Personalausweis oder Pass kein Einlass beim Roulette!
Avenida do Infante; Spielsäle tgl. 20–3 Uhr; Automaten-Glücksspiele Mo–Do 20–3, Fr 20–4, Sa 18–4, So 18–3 Uhr

Diskotheken

As Vespas ■ c 5/e 5
Mit Abstand die bestbesuchte Diskothek des Archipels. Manchmal Livemusik. Richtig los geht es erst nach Mitternacht.
In Hafennähe. Avenida Francisco Sá Carneiro, 7; tgl. ab 23 Uhr

Farol ■ a 5
Die DJs legen flotten Sound für internationales Publikum auf. Im Hotel Madeira Carlton.
Largo António Nobre;
Do, Fr und Sa 21.30–3 Uhr

Formula 1
Disko mit Pub-Atmosphäre.
Rua da Favilha 5; tgl. ab 21 Uhr

Jet-set ■ d 4
Party-Arena für alles andere, nur nicht den Jetset. Multimediales Tanzspektakel.
Rua da Alfândega, 27; Tgl. ab 21 Uhr

Fadolokale

Fado gehört zu Portugal, weniger nach Madeira. Wer den eigenwilligen Schwermut-Song dennoch hören möchte, dem wird dies auf Madeira natürlich auch geboten. Fado ist Bestandteil des abendlichen Standardprogramms in den großen Hotels. Etwas untouristischer geht es in den Fado-Restaurants zu.

A Brisa ■ b 1/c 2
Wenn der Raum sich verdunkelt und ein Raunen von Tisch zu Tisch hörbar wird, sind die Fado-Sängerin und ihre Gitarristen nicht weit.
Estrada Dr. João Abel de Freitas;
Tel. 2 91 74 22 94 ★★★ EURO VISA

O Presidente ■ d 3
Drei F mit Ausrufezeichen: Fondue, Flambiertes und Fado – in allem sehr speziell. Fado immer freitags.
Rua das Mercês, 18; Tel. 2 91 23 45 35;
tgl. 12–15 und 19–24 Uhr
★★ EURO VISA

Tropical westlich ■ a 6
Jeden Abend Livemusik, oft Fado. Gute Küche.
Estrada Monumental, 306, 4. Stock;
Tel. 2 91 70 08 40; tgl. 9–23 Uhr
★★ bis ★★★ EURO VISA

Kino

Cine D. João
Centro Comercial D. João; Tel. 2 91 74 25 04

Cine Max ■ d 4
Avenida Arriaga, 75; Tel. 2 91 23 19 33

Cine Santa Maria ■ e 4/f 4
Rua D. Carlos I.; Tel. 2 91 23 79 00

Theater

Teatro Experimental ■ d 3
Experimentiertheater, bei dem es auf die verbale Verständigung allein nicht ankommt. Auch Tanz.
Rua Nova São Pedro, 46;
Tel. 2 91 22 67 47, 2 91 23 32 54

Teatro Municipal ■ c 4/d 4
Das Städtische Theater hat einen guten Ruf. Die Spieltage wechseln, ebenso die Anfangszeiten. Nach Ankündigung spielt auch das Klassische Orchester Madeiras (**Orquestra Clássica da Madeira**).
Avenida M. Arriaga; Programminformation:
Tel. 2 91 23 35 69, Kartenvorbestellungen:
Tel. 2 91 22 04 16

Service

Auskunft

Direcção Regional do Turismo e Cultura ■ d 4
Avenida Arriaga, 18; Tel. 2 91 21 19 00,
Fax 2 91 23 21 51; Internet: www.madeira-tourism.org; E-Mail: info@madeiratourism.org

Posto de Turismo ■ d 4
Avenida Arriaga, 16; 9000 Funchal;
Tel. 2 91 22 56 58, Fax 2 91 23 21 51

Flughafen ■ E 4
Informationen der TAP Air Portugal Ankunft/Abflug; Tel. 2 91 52 08 88

Notruf

Polizei
Tel. 2 91 22 20 22

Rotes Kreuz
Cruz Vermelha; Tel. 2 91 74 11 15

Schiffsverbindungen nach Porto Santo ■ c 5
Porto Santo Line; Tel. 2 91 21 03 00

Außerhalb von Funchal liegt die Welt der Bauern, Berge und Levadas. Das ist wie Szenenwechsel im Theater.

Viele Touristen landen in Funchal, packen ihre Badehose aus und verlassen ihre Liege am Swimmingpool zwei Wochen lang nicht mehr. Sie wissen nicht, was sie versäumen. Die wahren Reize der Insel liegen abseits von Funchal, wo man ein ganz anderes Madeira kennen lernt – das ruhige, idyllische, ländliche, oft unberührte Madeira. Auf kleiner Fläche präsentiert sich die Natur in Kontrasten, wie sie sonst ganze Länder nicht zu bieten haben: im Norden ein grünes Paradies, im Westen schroffe Schluchten, im Osten und Süden Touristenhochburgen. Abseits des besiedelten Küstenstreifens sind zwei Drittel Madeiras Bestandteil eines Naturparks.

Gigantische Berge und Schluchten, bizarre Steilküste und sanfte Hügel wechseln sich ab. Der **Encumeada-Pass**, tief eingeschnitten von den Tälern der Ribeira Brava und der Ribeira de São Vicente, teilt die Insel in zwei Hälften. Im östlichen Teil brüstet sich die Felsenwelt ihrer Superlative. Hier befinden sich die höchsten Berge: **Pico Ruivo** (1862 Meter), **Pico das Torres** (1851 Meter), **Pico do Arieiro** (1818 Meter), und auch der größte Talkessel, **Curral das Freiras**, liegt hier. Die Stille und die oft nebelverhangene Landschaft geben einem das Gefühl, dem Olymp nahe zu sein. Im westlichen Teil hat sich dagegen die Natur auf der Hochebene **Paúl da Serra** mit rund 1400 Metern Höhe einen etwas bescheideneren Thron gebaut, von dem nach Norden und Süden die Abhänge steil ins Meer stürzen. Dieser Norden ist das Wasserkraftwerk Madeiras. Allenthalben ergießen sich infolge der hohen Lage, der steil abfallenden Felsen und der häufigen Niederschläge kleine Flussläufe in die Täler, und Wasserfälle springen von einer Berg-Etage zur nächsten – ein wundervolles Schauspiel der Natur!

Grandioser Ausblick auf die Ortschaft Faial an der Nordküste Madeiras.

Neben der imposanten Bergwelt dominieren herrlich grüne Landschaftsbilder mit Terrassenhängen voller Wein und Bananenstauden. Man muss Respekt dafür zollen, was die Menschen an den Berghängen mit ihrer Arbeit geschaffen haben: Terrassen an alpinen Steilhängen, Häuser, Straßen, Tunnels, Levadas.

Nicht selten sind die Anbauflächen gerade mal handtuchgroß. Die Terrassen werden in Handarbeit ständig gepflegt, um sie vor Erosion zu schützen. Die madeirensischen Hänge sind so steil, dass Kühe den ganzen Tag über in strohgedeckten Hütten, **palheiros**, gehalten werden, damit sie beim gedankenlosen Grasen nicht abstürzen ...

Bauern und Fischer sorgen tagtäglich für das reichhaltige Angebot und die frische Ware auf dem Mercado dos Lavradores in Funchal. An den außerhalb der Metropole lebenden Menschen ist der lukrative Tourismus-Boom jedoch vorbeigegangen. Zwischen Gischt und Berghang balancieren die Behausungen der armen Landbevölkerung, ständig in Sorge, dass der nächste schwere Regenfall ihnen den Boden unter den Füßen wegreißt. Sobald in **Câmara de Lobos** Touristen gesichtet werden, schwirren schlecht gekleidete Kinder aus, um Geld zu erbetteln – halb Notwendigkeit, halb Sport. Reiseleiter fordern ihre Gäste auf, nichts zu geben, um die Kinder nicht anzuspornen. Die Regionalregierung hält sich da heraus. Und die Regierung in Lissabon stellt sich auf den Standpunkt, dass es die Region schon regeln wird.

Arco da Calheta

3600 Einwohner ■ C 6, S. 118

Wie diese Stelle im 15. Jh. Siedlungswillige fand, ist schleierhaft. Die Straßen des so hübsch am Hang gelegenen Ortes sind so steil, dass selbst Autos Mühe haben, sie zu bewältigen. Am Anfang standen die Ländereien eines Zuckerbarons, ein Herrenhaus, eine Zuckermühle und viele Sklaven. Abgesehen von dem Aussichtspunkt **Pico do Arco** (846 m) ist im Ortsteil Loreto die **Capela da Nossa Senhora do Loreto** von 1510 sehenswert. Die Jahrhunderte unversehrt überstanden hat ihr manuelinisches Südportal und die ungewöhnliche, im Mudéjarstil geschnitzte, blau-weiß bemalte Holzdecke.

Cabo Girão

■ F 7, S. 119

Am höchsten Kliff der Insel stürzt das Land fast senkrecht ins Meer hinab. Wie Adlerhorste kleben winzige Terrassenfelder an der Steilwand. Die Aussichtsterrasse bietet einen sagenhaften Blick auf Funchal und die westliche Küste bis zur Ponta do Sol. Die offizielle Angabe der Kliffrandhöhe wird mit 580 m beziffert – womit das Kap das höchste Europas und das zweithöchste der Welt wäre. Per gläsernem Aufzug kann man 2 km westlich an der Steilküste hinab nach Faja dos Padres fahren (1,50 €, 1 Getränk inkl.). Mitten in der Plantage kann man wunderbar Mittagessen oder Baden. Der letzte Lift geht um 17 Uhr nach oben.

Calheta

■ B 6, S. 118

5500 Einwohner

In einem engen Tal zwängen sich die Häuser Calhetas bis ans Meer hinunter. Auch der Marktplatz weist sich nur in sehr beengten Dimensionen aus. Die wichtigste Gemeinde im Südwesten, einstiges Zentrum der Zuckergewinnung, ist der Mittelpunkt mehrerer Siedlungen, die über die Hänge verteilt sind. Am steinigen Strand werden Sonnenliegen vermietet. Bereits 1502 erhielt Calheta Stadtrechte. Der Boden genoss den Ruf, der fruchtbarste der Insel zu sein. Wein, Getreide und Viehzucht sind die Erwerbsquellen.

Hotels/andere Unterkünfte

Calheta Beach
Luxuslage am Strand, der allerdings aus Kieseln besteht. Restaurant.
Praia da Calheta;
Tel. 2 91 82 03 00, Fax 2 91 82 03 01
★ bis ★★ AmEx DINERS EURO VISA

Sehenswertes

Igreja da Calheta
Die Pfarrkirche von 1430 ist eines der interessantesten Bauwerke im Westen der Insel, trotz zahlreicher stilistischer Veränderungen. Prunkstücke sind die mudéjare Wacholderholzdecke und das dreistöckige Sakramentshäuschen aus Ebenholz und Silber.

Moinho de Açucar
Am Ortseingang steht noch die Ruine einer alten Zuckermühle; Anfang des 20. Jh., als die Zuckerindustrie kurzzeitig neuen Schwung erhielt, war sie gebaut worden. An der Uferpromenade sind der Schornstein und einige Geräte aus der Destille aufgestellt.

Sociedade dos Engenhos da Calheta, Lda.
Die Fabrik (**engenho**) stellt bis heute Rohzucker, Rum (**aguardente**) und Sirup (**mel de cana**) her. Eine »Fabrik der offenen Tore«, in der während der Erntezeit von März bis Mai der Produktionsprozess miterlebt werden kann. In den übrigen Monaten können Besucher die Anlage besich-

tigen, ein Glas der typischen **poncha** testen und das fertige Getränk in der Flasche kaufen.
Tel. 2 91 82 22 64, 2 91 82 21 18; Mo–Sa 8–12.30 und 13.30–17, Sa und So 9–17 Uhr; Eintritt frei

Essen und Trinken

Bar Camarão M
Einfaches, etwas lautes, aber freundliches Restaurant, das immer gut besucht ist; ein beliebtes Ausflugsziel der Madeirenser. Schmackhafte Hausmannskost. Kleine Karte, günstige Preise.
Sítio da Serra de Água; Tel. 2 91 82 43 79 ★

Seara M
In den Bergen gelegen. Für die Hausspezialität **coelho à Seara** erlegt der Patron die Kaninchen jedoch nicht auf der Jagd; sie stammen aus dem Stall. Snack-Bar.
Ribeira Funda – Estreito da Calheta; Tel. 2 91 82 30 48 ★

Camacha

■ C 11, S. 120

6550 Einwohner

Camacha ist das Dorf der Korbflechter. Alles dreht sich um **vimes** (Weide), die von geschickten Händen in Form gebracht wird. Im Mittelpunkt des Ortes scheint weniger die kleine Kirche zu stehen und auch nicht die neue große, die Anfang 1998 eingeweiht wurde, sondern vielmehr das Café **O Relógio**, eine Art touristischer Wallfahrtsort. Zu Dutzenden rollen täglich die Sightseeingbusse an, deren Insassen die angeschlossene Korbausstellung sehen und die Produkte auf die Schnelle kaufen wollen – und auch sollen. Bis unter die Decke ist der Laden mit Korbartikeln vollgestopft; im Keller sitzen die Arbeiter, die die kunstvollen Werke herstellen. Man kann ihnen bei der Arbeit zuschauen.

Câmara de Lobos

15 000 Einwohner

■ F 7, S. 119

»Hort der Wölfe« bedeutet der Ortsname. Gemeint sind die Lobos Marinhos, die Mönchsrobben, die bis vor einigen Jahren die Bucht bevölkerten. Die letzten 19 Exemplare der seit 1989 unter Artenschutz stehenden Tiere haben sich in den Schutz der nahen Ilhas Desertas zurückgezogen.

Câmara de Lobos war die erste Siedlung, die der Seefahrer Zarco 1420 auf der Insel gründete; hier hat man die vermutlich erste Kapelle gebaut und die ersten Kulturpflanzen gesetzt. Der Wein und die Bananen, die an den Hängen bis in die Gemeinde Estreito de Câmara de Lobos wachsen, genießen auf der Insel einen besonderen Ruf. Ihren Weltruf von einst haben die Trauben allerdings seit dem Import amerikanischer Reben Ende des 19. Jh. verloren. Alte Weintraditionen sind indes vielfach erhalten geblieben.

Câmara de Lobos ist das Hauptquartier der madeirensischen Fischer. Am Ufer der kleinen Hafenbucht liegen ihre bunten Boote, die dem Ort etwas Romantisches verleihen. Das Klopfen und Hämmern der Zimmerleute ist zu hören, die neue Boote bauen und alte ausbessern. Im Sommer sieht man die Gestelle, auf denen **cações** (Katzenhaie) zum Trocknen aufgespannt sind. Hier verströmt Câmara de Lobos ein ganz eigenes Aroma, ein Gemisch aus Meeresalgen, Fisch, Öl und Rost.

Über die herrschende Armut können die pittoresken Szenen jedoch nicht hinwegtäuschen. Die Arbeit der Fischer ist hart, und der Fischfang bringt nicht genug ein, um die Familien zu ernähren. Die Fischer jagen hauptsächlich dem schmackhaften **peixe espada preto** und **branco**, dem schwarzen und weißen Degenfisch, nach. Das traditionelle Werkzeug ist die Langleine – Netze zerreißen an den Klippen zu leicht. Mit wechselndem Erfolg bringen die Fischer zu zweit bei jeder Fahrt rund 700 kg Fisch nach Hause, was auf dem Markt rund 5 € pro Kilo abwirft. Dafür sind die Männer oft drei Tage auf See.

Wenige Schritte vom Hafen entfernt befindet sich die Markthalle, in der der frische Fang freitags und samstags feilgeboten wird. Ansonsten hat Câmara de Lobos wenig Charme. Selbst der zentrale Platz wird nur mühsam durch einen Pavillon in der Mitte geschmückt; fünf Palmen zieren die Promenade, und die **Igreja de São Sebastião**, die gewisse barocke Züge trägt, ist einen Blick wert.

Sehenswertes

Capela Nossa Senhora dos Pescadores
Die vermutlich erste Kapelle, die auf der Insel errichtet wurde. Bauherr: Zarco, Entdecker von Beruf. Nur noch der Glockenturm stammt aus jener Zeit.
Am Ende der Hafenbucht

Churchill-Miradouro
Das kleine Plateau neben der Treppe, die zum Hafen hinunterführt, hat durch den britischen Staatsmann Berühmtheit erlangt. Jeder Madeira-Tourist kommt einmal hierher, wo Sir Winston Churchill einst das Dorf und die Bucht malte. Ein weltbewegendes Ereignis, das während seines Aufenthaltes stattfand. Eine Gedenktafel erinnert daran: »Aquí pintou em 1950 Winston Churchill«.

Miradouro Jardim da Serra
Vorbei an Weinhängen und Bananenplantagen steigt die Küstenstraße nach Estreito de Câmara de Lobos auf 750 m an. Hier gewährt ein Aussichtspunkt einen herrlichen Blick auf den Fischerort und die hufeisenförmige Hafeneinfahrt mit der Mole und dem kleinen Leuchtturm.

Essen und Trinken

Riba Mar MM
Kleines Restaurant an der kurzen Ufermeile. Senhor Rocha rühmt sich der täglich frischen Fische und Schalentiere, die bei ihm auf den Tisch kommen.
Largo da República; Tel. 2 91 94 21 13 ★

Vista Alegre M
Wo Madeirenser hingehen, ist die Küche immer gut und reichlich. Snack-Bar und Restaurant mit regionalen Spezialitäten.
Sítio do Pinheiro – Campanário;
Tel. 2 91 95 36 14 ★★

Einkaufen

Alberto Eloy Vieira MM
Der professionelle Schuster verarbeitet Leder auf traditionelle Art. Hier kauft man die **botas de vilão**, die zur madeirensischen Tracht gehören.
Sítio da Saraiva

Henriques & Henriques SA. MM
Die 1850 gegründete Kellerei weiß, wie man's macht; sie sitzt im besten Weinanbaugebiet der Insel.
Sítio de Belém

Service

Auskunft

Posto de Turismo de Câmara de Lobos
Largo da República;
9300 Câmara de Lobos; Tel. 2 91 94 34 70

Caniçal

E 10, S. 121

3500 Einwohner

Vor der Küste Caniçals tummelten sich früher Walherden, weshalb die meisten Männer im Ort einst ihr Geld

Oben: In Caniçal erlernen nur noch wenige Kinder das Gewerbe ihrer Väter – und auf Walfang geht schon lange keiner mehr.

Mitte: In der Bucht von Câmara de Lobos werden einem Neubau die Planken aufgezogen.

Unten: Atemberaubender Abgrund am Cabo Girão (→ S. 46): Auch der kleinste Flecken Erde wird noch zur Landwirtschaft genutzt.

mit diesem Geschäft verdienten. In den letzten 40 Jahren – bis 1981 – hatten sie noch 5885 Pottwale erlegt. 1981 wurde im Washingtoner Artenschutzabkommen festgeschrieben, dass die Jagd auf Wale fortan ein Ende habe. Madeira verbot den Walfang und deklarierte seine Hoheitsgewässer zum Nationalpark für Meeressäugetiere. Die Fischer mussten die Harpunen in den Gerätekammern verschließen. Einige kämpfen nun auf der anderen Seite um den Erhalt der Wale und unterstützen die Tierschutzorganisationen. Die meisten Dorfbewohner verdienen ihr Geld heute in der nahen Industrie oder machen Profit durch Geschäfte in der Freihandelszone. Vom Fischfang leben nur noch wenige in Caniçal.

Museen

Museu da Baleia
Der brutale Walfang ist passé. Das Wie und Warum dokumentiert Caniçals Walmuseum. Unter der Decke hängt das Prunkstück der Ausstellung, das naturgetreue Halbmodell eines jungen Pottwals. Nicht weniger beeindruckend sind der Unterkiefer eines ausgewachsenen Pottwals sowie ein nussschalengleiches Walfangboot, in Originalgröße 13 m lang, ebenfalls als Halbmodell. Fotos, Schrifttafeln und Modelle erzählen die Geschichte des Walfangs von der Handharpune bis zur Verarbeitung zu Tran und Mehl.
Vila do Caniçal; tgl. außer Mo 10–12 und 13–18 Uhr; Eintritt 1,50 €

Caniço

■ C 12, S. 120

6800 Einwohner

Was Kampen für Sylt, ist Caniço für Madeira – besser gesagt die Ortsteile **Caniço de Baixo** und **Garajau**. Viele Deutsche haben sich hier ein Ferienhaus gebaut oder für immer niedergelassen. Die Anzahl der Villen mit hübsch blühenden Gärten überwiegt deutlich gegenüber den sonst üblichen Etagenwohnhäusern. Hoteliers, vor allem deutsche, haben die schöne, leicht abfallende Hanglage mit Blick auf die Ilhas Desertas, das angenehme Klima und die reizvolle Umgebung sogleich als guten Standort erkannt und sind zur Tat geschritten.

Caniço zählt nach Funchal zu den wichtigsten touristischen Zentren. Die Idylle von einst ist inzwischen einer dichten Besiedlung gewichen. Auf dem Kirchplatz im alten Ortszentrum geht es allerdings noch sehr ländlich und ruhig zu.

Hotels/andere Unterkünfte

Quinta Spléndida M
Ferienanlage mit allem Komfort. Mitten in einem Park gelegen, wurde das alte Landgut geschmackvoll und unter Wahrung madeirensischer Traditionen zum Hotel umfunktioniert. Sogar der rote Fliesenboden wird regelmäßig gewachst, was den charakteristischen Duft verbreitet. Der Pool ist eine echte Alternative zum Kiesstrand.
Sítio da Vargem; Tel. 2 91 93 04 00, Fax 2 91 93 04 01;
115 Zimmer und Apartments
★★ bis ★★★ AmEx DINERS EURO VISA

Vila Ventura
Kleines Aparthotel in Wassernähe. Tauchbasis, Fahrradverleih, Bootsfahrten.
Caniço de Baixo; Tel. 2 91 93 46 11, 2 91 93 46 80, Fax 2 91 93 46 80;
22 Studios ★★

Essen und Trinken

A Rede MM
Fischgerichte und Meeresfrüchte. Man kann auf Deutsch bestellen.
Caniço de Baixo; Tel. 2 91 93 44 27; tgl. 11–23 Uhr
★★ bis ★★★ EURO VISA

Cervejaria Alemã
Mit wenigen Ausnahmen gibt es alle gängigen Biersorten.
Caniço de Baixo; Tel. 2 91 93 03 50;
tgl. 10–24 Uhr ★★ AmEx DINERS EURO VISA

Curral das Freiras

2300 Einwohner ■ F 6, S. 119

Die Bewohner des Ortes Curral das Freiras haben ihre Häuser mitten im größten Talkessel Madeiras in großzügigen Abständen verteilt. Vom Aussichtspunkt **Eira do Serrado**, auf 1026 m Höhe, hat man einen wunderbaren Überblick über das saftiggrüne Tal und die umliegende labyrinthische Bergwelt mit ihren ungezählten Spitzen, Zacken, Türmen und Plateaus. Der Name Curral das Freiras rührt von einem Ereignis im Jahr 1566 her: Um Haut und Seele vor brandschatzenden Piraten zu retten, waren die Nonnen des Klarissinnenklosters, denen das entlegene Tal gehörte, hierher geflohen. Seither heißt der Ort »Stall der Nonnen« – Stall, weil hier in erster Linie Viehwirtschaft betrieben wurde.

Encumeada ■ E 4, S. 117

Wildromantische Bergwelt, wohin man sieht. Der Ton der Stille ist nirgendwo zu überhören. Wer sich frühmorgens, noch schläfrig, umschaut, könnte sich ebenso gut zwischen den schroffen Felswänden der Alpen oder der Dolomiten wähnen – doch es ist Madeira. Auf mehr als 1000 m Höhe liegt der **Encumeada-Pass** ein herrlicher Ausgangspunkt für Wanderer entlang der Levadas. Menschen und Dörfer begegnen ihm selten, denn im weitläufigen Gebiet der **Serra de Água** leben alles in allem nur 1450 Einwohner.

Hotels/andere Unterkünfte

Encumeada MM
Residencial in herrlicher Berglandschaft. Für Wanderer ideal. Schlichte, helle Zimmer mit allem, was man braucht. Restaurant, Bar.
Feiteirais – Serra de Água;
Tel. 2 91 95 12 82, Fax 2 91 95 12 81;
37 Zimmer ★★ AmEx DINERS EURO VISA

Pousada dos Vinháticos
Rustikale, komfortable Jagdhütte, die die Stimmung von Wald und Pirsch verbreitet. Wild ist natürlich Küchenspezialität im Restaurant. Beim Blick vom Aufenthaltsraum in den Wald kann man sich wie auf einem Hochsitz fühlen.
Serra de Água; Tel. 2 91 95 23 44,
Fax 2 91 95 25 40;
21 Zimmer ★★ AmEx DINERS EURO VISA

MERIAN-Tipp

Inn + Art Einen Logenplatz am Klippenrand fand Hausherr Armin Sprotte für sein kleines Hotel im ländlichen Stil, dem er durch den Patio, einen plätschernden Brunnen und kunstvolle Dekoration eine paradiesische Note gab. Die Atmosphäre ist sehr individuell, der Service sehr persönlich. Kunst hat hier Tradition, denn Vater Siegward Sprotte stellt in der angeschlossenen Galerie – wie auch auf Sylt – seine Gemälde aus. Sonnenterrasse, Abstieg zum Kieselstrand möglich. Caniço de Baixo; Tel. 2 91 93 82 00, Fax 2 91 93 82 19;
10 Zimmer ★★★ AmEx EURO VISA ■ C 12, S. 120

Faial

■ C 10, S. 120

2250 Einwohner

Eingefasst vom knapp 600 m hohen Tafelberg Penha de Águia, Weinhängen und Obstgärten, strahlt das kleine Dorf idyllische Ruhe aus. Die Ribeira do Faial speist die Landschaft mit Wasser, so dass sie den Bauern reiche Ernte bringt. Ein Blickfang ist die kleine weiße Kirche, die vor der Felsenwand und inmitten der grünen Terrassen einen hübschen Akzent setzt.

Ilhas Desertas

■ A 7–8, S. 118

Die kleine Inselgruppe, die sich hinter der Ponta de São Lourenço submarin fortsetzt, ist als besondere Tierschutzzone ausgewiesen. Europas am stärksten gefährdete Säugetiere, die Mönchsrobben, fühlen sich hier besonders wohl. Die einzigen Menschen, die auf der Insel ohne Trinkwasser etwas zu suchen haben, sind Wildhüter.

Ilhas Selvagens

Einst in Privatbesitz, gehören die Inseln heute dem Staat. Unbewohnt, liegen sie 230 km von Funchal entfernt in der Nähe der Kanarischen Inseln.

Machico

■ D 11, S. 121

6200 Einwohner

Wie eine Bühnenkulisse erhebt sich hinter Machico, Madeiras drittgrößter Stadt, eine fantastische Bergszenerie. Die Berge formen ein grünes Tal, das in die kleine Bucht mündet. An ihrem Strand gingen der Entdecker Zarco und seine Leute zuerst an Land. 1425 erschienen die ersten Siedler mit Sack und Pack und teilten das Land unter sich auf. Von 1440 an war Machico eine mit Funchal gleichberechtigte Hauptstadt, musste aber 1497 seine Regalien an die Zuckerstadt abtreten.

Trotz eines großen Hotels und einiger Pensionen kommt der Tourismus hier nicht richtig in Schwung. Die Bürger von Machico fühlen sich nicht nur darin von der Regionalregierung, mit der der linke Gemeinderat ohnhehin wenig gemein hat, vernachlässigt. Eine kleine Strandpromenade grenzt sich zwar zum Kieselstrand hin ab, und in dem Fort am Ende der Platanenallee ist eine Tourismusinformation untergebracht.

Wenn alle heimischen Boote in der Bucht Anker geworfen haben, dümpeln bis zu 30 Nussschalen auf dem glitzernden Wasser vor sich hin. Die meisten Fischer gehen auf die Jagd nach Tunfisch, machen also ihren Kollegen aus Câmara de Lobos keine Konkurrenz. Von der Landwirtschaft leben nur noch wenige. Aber die meisten Bewohner von Machico haben ein kleines Stückchen Land, das ihnen eine tägliche Portion Gemüse und ein paar Bananen sichert.

Hotels/andere Unterkünfte

Dom Pedro Baía
Das einzige Hotel am Ort – und nicht das schlechteste. Als Sporthotel konzipiert, bietet es u. a. Tauchen, Surfen, Wasserski und Tennis. Komfortable Zimmer, alle mit Meerblick, nur das Ambiente ist nicht gerade topmodern.
Estrada de São Roque; Tel. 2 91 96 57 51, Fax 2 91 96 68 89; 218 Zimmer
★★ bis ★★★ AmEx DINERS EURO VISA

Sehenswertes

Banda d'Além
Das alte Fischerquartier am östlichen Ortsrand macht sich neuerdings für mehr Gäste fit. Cafés entstehen, Geschäfte eröffnen, während weiterhin an den Holzbooten gehämmert wird.

Oben: Am Strand von Calheta (→ S. 46) warten die Fischerboote auf die nächste Fahrt.

Mitte: Das von der Lava geschaffene Naturschwimmbecken von Porto Moniz (→ S.59) zieht zahlreiche Tagesausflügler an.

Unten: Eingebettet im Tal und doch nicht weit vom Meer entfernt liegt die Ortschaft São Vicente (→ S. 63).

Forte de Nossa Senhora do Amparo
Das gelbe dreieckige Fort von 1706 erinnert an die Zeit, als die Küstenbewohner sich noch vor Seeräubern schützen mussten. Das Gebäude ist kein Alcazár, aber es wird gute Dienste getan haben.

Forte de São João de Batista
Niemand will glauben, dass Machico zwei Forts besitzt. Das zweite, unscheinbar und unbewehrt, stammt von 1708 und wacht über den östlichen Eingang der Bucht.

Igreja Nossa Senhora da Conceição
Die große Pfarrkirche im Zentrum ist ein Bau aus der manuelinischen Periode. Außen wird sie von einem Zwillingsportal mit drei Marmorsäulen geschmückt, im Inneren von goldverzierten Altären und einer bemalten Kassettendecke.

Essen und Trinken

Escondidinho M M
Wer sich nicht scheut, den etwa 20-minütigen Weg vom Ortszentrum in Richtung Caniçal zu gehen, wird mit frischem Fisch belohnt.
Poço do Gil; Tel. 96 54 42; tgl. 9–2 Uhr
★ bis ★★

Gonçalves M
Restaurant, Bar und Café in einem. Senhor Gonçalves ist Wirt aus Leidenschaft. Sein Versprechen: Der Fisch ist immer frisch. Auch die unter der Decke hängenden Schinken machen Appetit auf regionale Küche.
Rua do Ribeirinho; Tel. 2 91 96 66 06 ★★

Mercado Velho
In der alten Markthalle werden regionale Gerichte serviert. Hübsch ist die baumumstandene Terrasse mit plätscherndem Brunnen.
Rua do Mercado; Tel. 2 91 96 59 26;
tgl. 11–23.30 Uhr ★★ EURO VISA

Service

Auskunft

Posto de Turismo
Forte de Nossa Senhora do Amparo;
9200 Machico; Tel. 2 91 96 22 89

Madalena do Mar

680 Einwohner C 6, S. 118

Unschuldig wirkt das Bäderflair des vom Tourismus noch nicht entdeckten Fischerdorfes. Einen Hauch von Nizza und St. Tropez strahlen die kleine Uferpromenade und der Pavillon aber schon aus. Da Madalena do Mar für den Tourismus gute Voraussetzungen mitbringt, wird der Rest auch noch kommen.

Essen und Trinken

A Poita M M M
Der frische Fisch und die Meeresfrüchte sind kaum zu übertreffen. Von Westen kommend nimmt man die erste Kreuzung nach dem Tunnel links. Das Restaurant befindet sich nach ca. 50 m versteckt auf der rechten Seite.
Tel. 2 91 97 28 71 ★ bis ★★

Monte

B 12, S. 120

4000 Einwohner

Der 500 m über Funchal in parkähnlicher Umgebung gelegene Vorort wurde bei Europas Adel lange Zeit als ideale Sommerfrische gehandelt. Um den steilen, 4 km langen Aufstieg bequemer zu machen, wurde 1893 die bestehende Zahnradbahn bis nach Monte verlängert; 1943 wurde sie eingestellt. Die meisten Gäste wohnten hier in den stattlichen Quintas, die Monte bis heute so charmant erscheinen lassen. Rundherum entstand ein Ort, der 1950 noch 8141 Einwohner zählte, bis 1991 aber um die Hälfte schrumpfte – der Ort war aus der Mode gekommen. Im »Grand Hotel Belmonte« zog eine Privatschule ein, das »Palace Hotel« entging knapp dem Verfall. Mittelpunkt von Monte ist der **Largo da Fonte**, nicht weit entfernt von der großen Wallfahrtskirche.

Hotels/andere Unterkünfte

Vila Cantareira do Monte M M
Ein alter Herrensitz, alles etwas eng, aber gemütlich. Von der Sonnenterrasse genießt man einen herrlichen Blick auf Funchal.
Caminho do Monte, 150; Tel. 2 91 78 00 00 oder 2 91 78 36 00, Fax 2 91 78 00 08; 7 Zimmer ★ EURO VISA

Sehenswertes

Carros de Cesto
Unterhalb der Kirchentreppe befindet sich in Monte der Startpunkt für die berühmte Korbschlittenfahrt. Auf der Suche nach einem flotten Transportmittel von der hochgelegenen Quinta zum Kontor in Funchal, soll ihn ein Engländer im 19. Jh. erfunden haben. Der Schlitten, eine Mischung aus Korbsofa und Wäschekorb auf Holzkufen, bot Platz für zwei Personen und wurde, an Seilen befestigt, von zwei weiß gekleideten Laufburschen mit Strohhut auf dem Kopf gelenkt.

9

Die Korbschlittenfahrt, heute **die** Touristenattraktion, ist ein Vergnügen besonderer Art, das es nur auf Madeira gibt. Allerdings vermittelt der neumodische Asphaltbelag kaum noch ein Gefühl von der Rumpelei auf dem vorher üblichen Kopfsteinpflaster. Die Fahrt führt entweder nach Livramento (2 km, 9 €) oder bis Funchal zum Ende der Rua de Santa Luzia (4 km, 13 €).

Igreja Nossa Senhora do Monte
Die Kirche aus dem 19. Jh., die der Schutzpatronin Madeiras gewidmet ist, thront erhaben auf einem Bergsockel. Der letzte österreichische Kaiser Karl I., verheiratet mit einer Nichte des portugiesischen Königs, hat diesen Ort für seine letzte Ruhestätte ausgesucht.

Jardins Monte Palácio
Gartenfreunde und Romantiker werden angesichts des halbwilden Zustands des tropischen Parks der Barardo Stiftung ins Schwärmen geraten. Auf 7 ha verbreitet die wie ungewollt gestaltete Natur Märchenbuchstimmung: Bemooste Wege schlängeln sich durch die üppige madeirensische Flora, vorbei an Palmen, Azaleen, Cycas, Farnen, Orchideen, Proteen, Heide und versteinerten Feen. Hinter dem kleinen Schwanensee mit Café führt ein verwitterter Kachelgang, an dessen Wänden glasierte weiß-blaue Kunstwerke aus dem 15. bis 20. Jh. für morbiden Glanz sorgen, den Hang hinauf. Ein Teich mit Koi-Fischen, ein japanischer Garten, eine Porzellansammlung im Freien und zu guter Letzt ein Schloss – wie im Märchen. Stundenlanges Vergnügen ist Ihnen hier sicher.

10

Caminho do Monte, 174;
Mo–Sa 9–18 Uhr; Eintritt 7,50 €

Paúl da Serra

DE 4, S. 117

Ein Hochplateau hoch über den Wolken, eine raue Gegend auf rund 1600 m Höhe, wo sich nur Schafe und Ziegen gern aufhalten. Menschen zieht es zum Leben nicht hierher. Auf der größten ebenen Fläche Madeiras gedeihen nur Farne und Sukkulenten: ein Paradies für Wanderer, für Bauern die Hölle. Nur die Hirten kommen gut zurecht.

Dass man sich hier auf einer Insel mitten im Atlantik befindet, vergisst man angesichts der faszinierenden Landschaft. Erst wenn plötzlich der schrille Schrei einer Möwe die Stille zerschneidet, wird man sich der Realität bewusst. Der botanisch kundige Wanderer kann zwei endemischen Pflanzen begegnen, die hier den rauen Winden, dem Nebel und dem kargen Boden trotzen: dem gelb blühenden Madeira-Veilchen und der kugelförmigen Madeira-Grasnelke.

Wegen des häufigen Nebels sind die Pläne, den neuen Insel-Flughafen hier oben zu bauen, mittlerweile verworfen worden.

Paúl do Mar

■ A 4, S. 116

850 Einwohner

Das kleine Küstendorf liegt am Ende eines Tales zwischen gigantischen Schluchten, Weinstöcken und Bananenplantagen wie auf einem anderen Stern. Die Häuser sind dicht am Felsen gebaut, der sie fast zu erdrücken scheint. Die Straße, die steil bergab führt, ist neu geteert. Zufällig kam nie jemand hierher, und der Fortschritt rauschte einige Kilometer oberhalb auf der EN 101 an den Bewohnern vorbei. Erst 1998 wurde die Küstenstraße fertig, die den Ort besser an die Verkehrsströme anschließt. Der Tunnel nach Jardim de Mos ist fertig, man kann dicht entlang der Küste weiterfahren.

Pico Ruivo

■ A 10, S. 117

Der höchste Berg der Insel erreicht die stolze Höhe von 1862 m. Das hat nicht nur Hochgebirgscharakter, es sieht hier auch noch aus wie in den Alpen, freilich ohne Schnee. Bei klarer Sicht ist der Panoramablick einfach herrlich. Zu erreichen ist der Gipfel zu Fuß vom Nachbarberg **Pico do Arieiro** (1818 m), immer am Bergkamm entlang. Den höchsten Punkt erklettert man sich über ein paar Stufen.

Hotels/andere Unterkünfte

Pousada do Pico do Arieiro
Schlafen über den Wolken. Die landestypische rustikale Pousada bietet Komfort, Ruhe und Abgeschiedenheit, wenn nicht gerade die Sightseeingbusse ihre Ladung hier absetzen. Rechtzeitig reservieren!
Pico do Arieiro; Tel. 2 91 23 01 10, Fax 2 91 22 86 11;
18 Zimmer ★★ AmEx DINERS EURO VISA

Ponta Delgada

1400 Einwohner ■ F 3, S. 117

Von weitem gesehen hat das kleine grüne Stück Land vor der schroffen Steilküste, wie eine Sahnehaube auf einem Tortenstück, ein Dorf aus weißen Häusern aufgesetzt bekommen. Im Ort selber wirkt es jedoch so, als hätten sich die Häuser unter die saftiggrünen Felder mit Weinstöcken gemischt, und nicht umgekehrt. Die weiße Kirche steht vertikal zur Küste direkt am Wasser, als wollte sie wie ein Schiffsbug die Macht der Brandung schneiden.

Ponta de São Lourenço

■ E 10, S. 121

Madeira ist hier kaum wieder zu erkennen. Steppenartige Verhältnisse, Felsen und Wüste prägen das Bild der schmalen Landzunge, die weit ins Meer hineinragt. Pflanzen haben Mühe, auf dem kargen Boden Lebensraum zu finden. Nur im Frühjahr gelangen einige genügsame Pflanzen zur Blüte. Am Ende der Felsen steht ein Leuchtturm, den man aber zu Fuß nicht erreichen kann. Ihm vorgelagert sind die kleinen Inseln **Ilhéu de Agostinho** und **Ilhéu de Fora**.

Bei Ponta do Sol sorgt ein Wasserfall für Erfrischung.

Ponta do Pargo ■ A 3

1300 Einwohner ■ A 3, S. 116

Der westlichste Punkt Madeiras wird durch einen Leuchtturm mit einer knallroten Kuppel markiert. Eine landschaftliche Besonderheit ist, dass hier dank einer weiten, überwiegend ebenen Fläche Ackerbau ganz normal betrieben werden kann. Sogar Maschinen können eingesetzt werden und Kühe im Freien weiden.

Ponta do Sol ■ D 7, S. 119

4000 Einwohner

Eines ist sicher: Ponta do Sol ist ein von der Sonne besonders bedachter Fleck, was sich bei Touristen aber noch nicht herumgesprochen hat. Ungesichert ist dagegen, dass Christoph Kolumbus hier seinen reichen Kollegen aus der Zuckerbranche, João Esmeraldo, besucht haben soll. Fraglich ist weiter, ob der Geburtsort des Großvaters von John Dos Passos, einem der berühmtesten amerikanischen Schriftsteller seiner Zeit (»Manhattan Transfer«), in die Ruhmesgeschichte des Ortes Eingang finden muss. Eine Gedenktafel in der Rua Príncipe D. Luís I. weist sein Geburtshaus aus.

Portela ■ C 10, S. 120

620 m über dem Meeresspiegel öffnet der Portela-Pass einen herrlichen Blick auf Porto da Cruz, den gigantischen Felsenklotz **Penha de Águia** (»Adlerfelsen«) und das zerklüftete, gebirgige Landesinnere – ein Ausflugsziel für Funchal-Urlauber. Wer noch kein Souvenir hat, etwa ein **barrete de orelhas,** hier oben findet er eines. Da die Wetterscheide zwischen Nord und Süd hier verläuft und die Gegend oft nebelverhangen ist, ist so eine Wollmütze mit Ohrenklappen beim Wandern gar nicht schlecht.

Porto da Cruz ■ C 10, S. 120

3200 Einwohner

Außer Prainha verfügt nur Porto da Cruz noch über einen Sandstrand, allerdings wie jener lavaschwarz und klein. Porto da Cruz gehört zu den ältesten Orten Madeiras: Die ersten Siedlern gründeten einen Hafen (**porto**) und errichteten ein Kreuz (**cruz**). Es gibt eine noch arbeitende Zuckermühle, und bei der Weinlese sind sogar noch **borracheiros** zu sehen, die Most und Wein in Ziegenlederschläuchen auf ihren Rücken transportieren. Das Bild ist freilich nur pittoresk, solange man nicht selber schleppen muss.

Hotels/andere Unterkünfte

Penedo
Die Albergaria wurde auf dem letzten trockenen Stein der Küste gebaut. Kleine, aber gut ausgestattete Zimmer. Ein rustikales Restaurant ist vorhanden.
Casas Próximas; Tel. 2 91 56 30 11,
Fax 2 91 56 30 12;
7 Zimmer ★

Quinta da Capela MM
Gut situiert fühlt man sich in diesem herrschaftlichen Gutshaus aus dem 17. Jh., sowohl in den antik eingerichteten Zimmern als auch auf dem grünen Hang, der spektakuläre Ausblicke bietet. Nur Frühstück.
Sítio do Folhadal;
Tel. 2 91 56 24 91, Fax 2 91 23 53 97;
5 Zimmer
★★ AmEx DINERS EURO VISA

Essen und Trinken

Praça Velha MM
Der Meerblick ist unbezahlbar, die Küche dagegen erschwinglich. Besonders köstlich ist die Platte mit gemischtem Fisch, **peixe misto**.
Tel. 2 91 56 31 75 ★★

Porto Moniz

C 2, S. 116

2000 Einwohner

Am nordwestlichsten Punkt der Insel zeichnet sich ein wildes Küstenbild, an der Nordseite schlagen die Wellen gar bis zu 6 m hoch. Die Hauptattraktion des Ortes ist sein **Naturschwimmbecken**. Vor der Brandung geschützt durch Lavafelsen, badet man hier mitten im Ozean. Der Weg nach Porto Moniz wird begleitet von Erika und Heidelbeeren.

Hotels/andere Unterkünfte

Atlântico M
Residencial im Ortszentrum mit Bar/Café. Großzügige Zimmer.
Vila; Tel. 2 91 85 25 00, Fax 2 91 85 25 04;
8 Zimmer ★ bis ★★
AmEx DINERS EURO VISA

Calhau
Kleines, familiäres Residencial in einmaliger Lage auf einem Riff. Sehr schlichte Zimmer mit Meerblick.
Vila; Tel. 2 91 85 31 04, Fax 2 91 85 34 43;
15 Zimmer ★ AmEx DINERS EURO VISA

Orca M
Hier begleitet Sie das Meeresrauschen in den Schlaf: Das Residencial liegt direkt am Felsen des Uferrandes. Schlicht und nett.
Largo das Poças; Tel. 2 91 85 00 00,
Fax 2 91 85 00 19;
12 Zimmer ★ EURO VISA

Service

Auskunft

Posto de Turismo
Vila do Porto Moniz
9270 Porto Moniz; Tel. 2 91 85 25 94

Ribeira Brava

D 7, S. 119

6000 Einwohner

Ribeira Brava ist ein durch und durch ländlicher Ort, obwohl man ihm einen gewissen Wohlstand ansieht. Jahrhundertelang lebten die Menschen erst vom Zuckerrohr, später vom Obstanbau. Doch der Tourismus gewinnt langsam an Bedeutung. Gerade erst wurde der alte Wehrturm an der Uferpromenade zur Tourismusinformation umgebaut. Dahinter zieht eine neue Markthalle mit integriertem Shopping-Center im Kleinformat die örtliche Aufmerksamkeit auf sich. Wegen seiner hübschen Pfarrkirche **Igreja de São Bento** und dem charmanten Ortszentrum mit den Bürgerhäusern ist Ribeira Brava auf jeden Fall einen Besuch wert.

Das meistfotografierte Detail im Ort ist übrigens die Kirchturmspitze der Pfarrkirche. Über der Turmuhr ist sie mit blau-weißen Fliesen im Schachbrettmuster verkleidet, bekrönt von der Armillarsphäre, dem Symbol der portugiesischen Entdecker. Dass die Arbeiten am Gotteshaus schon ab 1440 begonnen haben, dafür sprechen vor allem das alte Taufbecken und die noch etwas ältere Kanzel. Mehrfache Veränderungen hinterlassen beim Betrachter jedoch einen vorwiegend barocken Eindruck.

Hotels/andere Unterkünfte

São Bento M
Residencial, das nur wenige Schritte vom Strand entfernt liegt. Großzügige Zimmer, die unterschiedlich in alt-portugiesischem Stil mit leichtem Hang zum Pompösen eingerichtet sind.
Rua 1° de Dezembro; Tel. 2 91 95 15 06,
Fax 2 91 95 15 05; 22 Zimmer
★★ AmEx DINERS EURO VISA

Valemar
Modernes Drei-Sterne-Aparthotel mit hinreichendem Komfort. Funktionale, sparsame Zimmereinrichtung. Für die Kochfaulen gibt es ein Restaurant.
Rua de São Pedro; Tel. 2 91 95 25 63, Fax 2 91 95 11 66; 20 Apartments
★★ EURO VISA

Essen und Trinken

Água Mar M
Das Restaurant liegt so dicht am Meer, dass mit den Wellenspritzern beinah auch die Fische im Topf landen.
Avenida Engenheiro, Ribeiro Pereira; Tel. 2 91 95 11 48; tgl. 7–24 Uhr
★★ AmEx DINERS EURO VISA

Service

Posto de Turismo
Forte de São Bento; 9350 Ribeira Brava
Tel. 95 16 75

Ribeira da Janela

380 Einwohner ■ C 2, S. 116

Dieses vom Fluss Ribeira da Janela tief eingeschnittene Tal ist eines der schönsten der Insel. Fluss und Ort sind nach der fensterähnlichen Öffnung in einem der meerumspülten Felsen vor der Flussmündung benannt. Rundherum gedeihen Lorbeerbäume und Wein.

Santa Cruz ■ D 11, S. 121

6100 Einwohner

Santa Cruz hat lediglich wegen des nahen Flughafens einen Namen, womit man dem Ort aber Unrecht tut. Im 15. Jh. gegründet, sieht man ihm im eng gedrängten alten Kern noch an, dass er einmal reich gewesen ist. Die manuelinische **Igreja de São Salvador** ist ein stattlicher dreischiffiger Bau von 1533, die größte Kirche außerhalb Funchals. Interessant sind die Azulejos aus dem 16. Jh. und die Decke, beide im Mudéjarstil. Imposant ist die ebenfalls manuelinische **Câmara Municipal**, das Rathaus, in dem nicht nur verwaltet, sondern auch Recht gesprochen wird. Vor einigen Jahren wurde die Badeanlage **Praia das Palmeiras** am Kiesstrand gebaut und Palmen gepflanzt.

Santana ■ B 9, S. 120

3900 Einwohner

Santana hat etwas Besonderes. Nicht nur wegen dieser ungewöhnlichen reetgedeckten Häuser, die **casas de colmo**, deren Spitzdach bis auf den Boden reicht und die sommers wie winters eine optimale Klimatisierung bieten. In kräftigen, plakativen Farben angemalt, bereichern sie als Farbtupfer die Landschaft und alle Werbeprospekte der Insel. Auch Madeiras landschaftliche Superlative wie Queimadas, der Caldeirão Verde und der Pico Ruivo sind nur einen Katzensprung von hier entfernt. Seit das Umfeld von Santana zum Naturpark erklärt wurde, versuchen die Bewohner, ihr Einkommen durch den Tourismus zu sichern. Schön anzusehen sind in dem ländlichen Ort die Buchsbaumalleen und üppigen Hortensienhecken. An der Hauptstraße neben dem Rathaus wurden drei Häuser restauriert, die auch kostenlos besichtigt werden können.

Hotels/andere Unterkünfte

Cabanas de S. Jorge Village M
Mal ganz etwas anderes – Rundhütten als Quartier. Modern, komfortabel und mit Meerblick.
Sítio da Beira da Quinta; Tel. 2 91 57 62 91, Fax 2 91 57 60 32; 25 Bungalows
★ AmEx DINERS EURO VISA

Oben: Besucher genießen in der Abendsonne die herrliche Aussicht vom Pico do Arieiro.

Mitte: Die wetterfesten Häuschen von Santana sind ein beliebtes Postkartenmotiv.

Unten: Kachelschmuck im Jardins Monte Palácio in Monte *(→ S. 55).*

Casa da Tia Clementina M
Unterhalb des Ortszentrums finden Sie den alten Landsitz aus dem 19. Jh.
Achada Simão Alves; Tel. 2 91 22 61 25, 2 91 57 41 44, Fax 2 91 22 75 26; 5 Zimmer
★ AmEx DINERS EURO VISA

O Colmo MMM
Urgemütliches Residencial neben einem typischen Santana-Haus. Schlichte, freundliche Zimmer, beliebtes Restaurant.
Sítio do Serrado; Tel. 2 91 57 24 78, Fax 2 91 57 43 12;
17 Zimmer ★★ AmEx DINERS EURO VISA

Quinta do Furão M
Von grünen Bergen, Steilküste und den eigenen Weinfeldern umgeben, ist die neue Vier-Sterne-Herberge auf dem hohen Felsenkliff der pure Luxus. Das stimmungsvoll rustikale Restaurant wird manchmal von Sightseeing-Gruppen überschwemmt.
Achada do Gramacho;
Tel. 2 91 57 01 00, Fax 29 1 57 21 31;
43 Zimmer ★★★ AmEx DINERS EURO VISA

Service

Auskunft

Posto de Turismo
Sítio de Serrado, 9230 Santana;
Tel. 2 91 57 29 92

Santo da Serra

1100 Einwohner C 11, S. 120

Das kleine Bergdorf, von den Einheimischen oft auch vollständig Santo António da Serra genannt, befindet sich auf einem 650 m hohen Plateau, umgeben von dichtem Wald. Selbst in dieser Nebelzone wurden einst Zuckerrohr und Getreide angebaut. Heute leben die meisten Bewohner von der Viehzucht.

In dem Park **Quinta do Santo António da Serra** beeindruckt die herrliche Blumenpracht, vor allem Azaleen, Kamelien und Hortensien. Sogar einige Känguruhs sind hier zu Hause. Die Quinta selber gehörte der Familie Blandy, bevor sie in Staatsbesitz überging. Überhaupt bauten seit dem 18. Jh. viele reiche Kaufleute hier oben ihre Villen, weshalb Santo da Serra immer noch den Ruf eines Nobelortes genießt. Viele Madeirenser kommen zum Picknick, die meisten Touristen zum Golfspielen auf den nahen Platz.

São Jorge

B 9, S. 120

2000 Einwohner

Glaubt man den Kunsthistorikern, so steht in diesem Dorf eine der wertvollsten Kirchen der Insel, die **Igreja de São Jorge** aus dem 18. Jh. Geschmackssache, werden Sie vielleicht

MERIAN-Tipp

Museu Etnográfico in Ribeira Brava Liebevoll hergerichtetes Museum, eine Ausstellung zu madeirensischem Brauchtum und zur Volkskunst. Was nicht original aufgestellt werden konnte, wird anhand von Fotos dokumentiert. Prunkstücke sind ein originaler Mühlstein und ein alter Webstuhl, an dem heute noch gewebt wird. In einer Schusterei werden madeirensische Stiefel (**botas**) nach traditioneller Art hergestellt, die man selbstverständlich auch kaufen kann.
Rua de São Francisco, 24, Ribeira Brava; Di–So 10–12.30 und 14–18 Uhr; Eintritt 1,25 € D 7, S. 119

einwenden. Vorsichtshalber sollte man jedoch einen Blick auf die kunstvoll geschnitzten, goldenen Barock-Altäre und die Azulejos werfen.

São Vicente

E 3, S. 117

3950 Einwohner

Klein ist das Dorf, und es hat ein gewisses Etwas. Der Ortskern liegt nur wenige Schritte vom Meer entfernt, und dennoch hat man das Gefühl, sich im Hochgebirge zu befinden. Die Häuser kleben an den Felsen am Ende einer Talschlucht. Auf Geheiß des Gemeindechefs haben die Bürger ihre Häuser gestrichen, so dass die von der Meerluft angegriffenen Fassaden ein neues Kleid erhalten haben.

Hotels/andere Unterkünfte

Casa da Piedade MM
Hier betten Sie sich auf herrschaftlichen Laken. Die Quinta stammt aus dem 18. Jh. und steht mitten im Vicente-Tal. Komfortables Wohnen in noblem Ambiente.
Sítio do Laranjal;
Tel. 2 91 84 60 42, Fax 2 91 4 60 44;
6 Zimmer
★ AmEx DINERS EURO VISA

Praia Mar
Wenn man morgens aus dem Fenster schaut, hat man den Eindruck, auf dem Meer zu sein. Angenehmes Hotel mit Restaurant.
Calhau; Tel. 2 91 84 23 83, Fax 2 91 84 27 49
20 Zimmer ★

Sehenswertes

Grutas de São Vicente
Zurück zu den Anfängen von Madeira. Eine 700 m lange Höhle führt in die Eingeweide der Erde. Sie wurde vor rund 400 000 Jahren geschaffen, als zum letzten Mal ein Vulkan aktiv wurde, Lava spuckte und sein gewalttätiges Magma sich von Paúl da Serra bis hierher seinen Weg bahnte.
Sítio do Pé do Passo; Sommer tgl. 9–21, Winter 9–19 Uhr; Eintritt 4 €

Igreja de São Vicente
Etwas an den Rand gedrängt, ist die Pfarrkirche aus dem 17. Jh. mit dem Schachbrettmusterturm doch schön und sehenswert. Im schwarz-weißen Pflastermosaik des Kirchplatzes ist die Legende um den heilig gesprochenen Märtyrer Vicente in Stein gelegt. Auffällig sind die schönen Azulejos und der reiche Talha-Schmuck des Altarraumes und der Seitenaltäre.

Seixal

D 3, S. 117

740 Einwohner

Schon im 16. Jh. gegründet, haben die raue Umgebung des Meeres und die steilen Felswände nur eine Handvoll Bewohner gehalten. Wenn es hier auch sonst nicht viel gab – Kieselsteine, das Rohmaterial für das hübsche Straßenpflaster in Funchal, gab es reichlich. Den alten Steinhäusern in Seixal sieht man an, dass ihr Baustoff einmal aus dem Felsen geschlagen wurde. Sie gehen mit dem kristallinen Meer und der grünen Umgebung eine harmonische Verbindung ein. Der Wein, der hier produziert wird, gehört zu den besten Tropfen der Insel. Zur Zeit der Weinlese zieht der intensive Duft gepresster Trauben durch die engen Gassen.

Der kleine Hafenkai ist nur bei wenigen Fischern und Anglern in Gebrauch. Wegen der zahlreichen Buchten und Felsvorsprünge wählten Piraten Seixal früher als Operationsbasis.

EXTRA: Sport und Strände

Madeira hat keine Strände, jedenfalls nicht die, von denen die meisten Inselurlauber träumen: Es gibt lediglich zwei Sandstrände, die allerdings lavaschwarz sind: **Prainha** befindet sich auf der östlichen Landzunge Ponta de São Lourenço, der andere im nordöstlichen **Porto da Cruz**. Einige Buchten sind als Strände ausgewiesen, aber die Unterlage für das Badetuch sind Kiesel, die manchmal die Größe von Wackersteinen besitzen. Wegen dieses geologischen Mangels verfügt praktisch jedes Hotel über einen Swimmingpool. Hotels mit Logenplatz an der Steilküste haben Stufen in die Felsen geschlagen, Stege und manchmal sogar eine Wassersportbasis angelegt. Naturschwimmen im Atlantik und die begehrte Strandlage können Sie auf Porto Santo genießen. Die kleine Nachbarinsel bietet auf acht Kilometern Länge reichlich Platz für Strand- und Badevergnügen. Bei Portugiesen ist sie deshalb sehr beliebt, zumal dem Sand heilende Wirkung nachgesagt wird.

Madeira ist ein Paradies für Wanderer. Badefans setzen zum Strand von Porto Santo über.

Golf

Clube de Golfe Santo da Serra

■ C 11, S. 120

»Über den Wolken« hat der Golfarchitekt Robert Trent Jones einen Profi-Platz auf hügeligem Gelände entworfen. Bergwelt, Schluchten und, bei klarer Sicht, die Ilhas Desertas bilden die Kulisse. Drei 9-Loch-Schleifen. Da der Platz

nebelgefährdet ist, sollten Sie unbedingt vorher anrufen.
Santo da Serra, Santa Cruz;
Tel. 2 91 55 23 56, Fax 2 91 55 23 67

Palheiro Golfe ■ B 12, S. 120
In dem Park mit altem Baumbestand bietet der 18-Loch-Parcours – nach St. Andrews-Muster fortlaufend angelegt – ein sportliches Vergnügen für den Durchschnittsgolfer. Das Clubhaus wurde im Madeira-Stil gebaut.
São Gonçalo, Funchal;
Tel. 2 91 79 21 16, Fax 2 91 79 24 56

Reiten

Das Hotel Estrelícia in Funchal (Tel. 2 91 70 66 00) organisiert Fahrten zum Reitclub **Clube de Hipismo,** an der Straße von Terreiro da Luta nach Choupana.

Gipfelstürmer werden auf Madeira mit einem grandiosen Ausblick belohnt.

Associação Hípica da Madeira
Quinta Vale Pires, Caminho dos Pretos, São Gonçalo; Tel. 2 91 79 25 82 oder 2 91 79 29 10

Tauchen

Portugals einziger Unterwasser-Nationalpark befindet sich vor Madeira. Er umfaßt die Ponta de São Lourenço sowie die Ilhas Desertas und reicht bis nach Funchal. Wer einen Blick durch die Gummibrille wagen will, findet hier eine intakte Unterwasserwelt, Fischreichtum und bizarre Lavaformationen. Das klare Wasser ermöglicht Sichtweiten bis zu 60 m, Tiefen bis zu 30 m und mehr sind garantiert. Die Ausrüstung kann man sich vor Ort ausleihen. Es werden auch Schnupperkurse im Meer angeboten.

Für die Tauchgänge ist ein gültiges ärztliches Attest und ein Logbuch erforderlich, ein Checktauchgang ist obligatorisch. In den Clubs wird Deutsch gesprochen.

Atalaia Diving Club ■ C 12, S. 120
Hotel Roca Mar, Caniço de Baixo;
Tel. 2 91 93 43 30

Clube Naval Porto Santo ■ C 2, S. 77
Porto de Abrigo, Porto Santo;
Tel. 2 91 98 20 85

Diving Center Baleia ■ D 11, S. 121
Hotel Dom Pedro Baía, Machico;
Tel. 9 68 05 25 43

Manta Diving ■ C 12, S. 120
Hotel Galomar, Caniço;
Tel. 2 91 93 55 88

Scorpio Divers ■ B 12, S. 120
Complexo Balnear do Lido, Funchal;
Tel. 9 66 86 18 46

Ventura Diving ■ B 12, S. 120
Hotel Madeira Carlton, Funchal;
Tel. 2 91 22 55 89

Tennis

Ein Tennisplatz gehört mittlerweile zur Standardausstattung jedes besseren Hotels. Öffentliche Plätze, auch Squash-Courts, findet man in der Quinta Magnólia.

Quinta Magnólia ■ a 5, Klappe hinten
Rua do Dr. Pita;
Tel. 2 91 76 32 37

Wandern

Dem vulkanischen Erdgestein ist die abwechslungsreiche Landschaft zu verdanken, dem atlantischen Klima die üppige Vegetation und dem Einfallsreichtum der ersten Siedler das ausgeklügelte Bewässerungssystem, 4 die **levadas**, an denen entlanggewandert wird. Zusammen mit anderen Wegen bieten die levadas insgesamt rund 3000 Wanderkilometer.

Bedenken sollten Sie jedoch, dass die Levada-Strecken nicht ohne Risiko sind; oftmals haben sie Hochgebirgscharakter. Planen Sie sorgfältig, denn die Anfangs- und Endpunkte liegen oft weit auseinander (→ Routen und Touren, S. 91).

Wenn Sie nicht den gleichen Weg zurücklaufen wollen, können Sie mit einem Taxifahrer Ort und Stunde vereinbaren und sich abholen lassen.

Wassersport

Das ruhige Meer und die frische Brise eignen sich ideal für Wassersport. Abgesehen von den Angeboten einiger Hotels organisieren diverse Veranstalter u. a. Bootsfahrten, Segeltouren, Hochseeangeln. Zentren für Wassersport in **Funchal** sind der Lido und die Marina. Anmeldung und Start sind, wenn nicht anders angegeben, in der Marina.

Lido ■ B 12, S. 120
Das Freizeitbad im Westen von Funchal bietet mehrere Swimmingpools, ein Meerwasserschwimmbad, Sonnenterrassen. Diverse Wassersport-Angebote, etwa Wasserski.
Rua do Gorgulho;
im Sommer tgl. 8.30–19, im Winter tgl. 9–18 Uhr

Marina do Funchal ■ d 4, Klappe hinten
Avenida do Mar;
Tel. 2 91 23 27 17

Albatroz Organization
Tel. 9 63 00 38 64

Associação Naútica da Madeira
Tel. 2 91 23 29 37

Costa Sol
Tel. 2 91 23 85 38 oder 2 91 22 43 90

Clube Naval do Funchal ■ d 4, Klappe hinten
Marina do Funchal;
Tel. 2 91 22 46 61 oder 2 91 76 22 53

Clube Naval do Porto Santo
Tel. 2 91 98 20 85

Missiltour ■ C 12, S. 120
Vista do Mar, 4;
Garajau – Caniço;
Tel. 2 91 93 34 14

Turipesca
Tel. 2 91 23 10 63

Windsurfen

Surfer vor den Küsten Madeiras sieht man selten. Ein Paradies für Windsurfer ist jedoch der Strand von Porto Santo. Verleih von Brettern direkt am Strand.

Fehlendem Strand wird auf Madeira architektonisch begegnet.

Ein Hauch von Afrika: Die kleine, wüstenähnliche Nachbarinsel ist Madeiras ideale Ergänzung. Sie bietet, was der grünen Blumeninsel fehlt – einen kilometerlangen Sandstrand.

Karte → S. 77

Eigentlich fing mit Porto Santo alles an. Als die Entdecker João Gonçalves Zarco und Tristão Vaz Teixeira 1418 lossegelten, landeten sie zuerst auf dieser Insel. Aus purer Freude darüber, wieder festen Boden unter den Füßen zu haben, nannten sie den Ort ihrer sicheren Ankunft »Heiliger Hafen«, eben Porto Santo. Immerhin ist die Insel an der Nordseite von recht stattlichen Klippen umgeben.

Der portugiesische König dankte Bartolomeu Perestrelo die spätere Mitentdeckung Madeiras, indem er ihm den Titel des Gouverneurs verlieh sowie das Recht, die Insel zu verwalten. Kein wirkliches Geschäft, denn die winzige Insel verfügte weder über Reichtümer noch über Süßwasser. Etwas Ackerbau, Viehzucht und Fischerei waren möglich. Den Drachenbaum hat es in der kargen Landschaft einst gegeben. Als aber im 16. Jahrhundert bekannt wurde, dass sich sein Harz gut für Lacke und Farbstoffe eignete, bluteten Kaufleute die wertvollen Bäume regelrecht aus. Der Drachenbaum ist bis heute nur als Symbol von Porto Santo geblieben.

Ein zusätzliches Übel, unter dem die Bevölkerung sehr zu leiden hatte, stellten von Anfang an die ständigen Piratenüberfälle dar. Wenn man die Landkarte anschaut, kann man leicht nachvollziehen, dass die Seeräuber sich in der zerklüfteten Küste oder in den Grotten der Felseninseln Schlupfwinkel gesucht haben.

Porto Santo bietet, was der grünen Blumeninsel Madeira fehlt: Sandstrand, und zwar stolze acht Kilometer am Stück. Wegen ihres feinsandigen, goldgelben Strandes wird die Insel auch **Ilha Dourada**, »Goldene Insel«, genannt.

Von dem 42 Quadratkilometer großen Nachbarn Madeiras darf man allerdings nicht zu viel erwarten. Die Hauptattraktionen von Porto Santo sind tatsächlich Strand und Stille. Die Küste ist noch kaum bebaut, was selbst während der Sommersaison einsame Stunden verspricht. Ansonsten wird man wenige Sehenswürdigkeiten aufspüren, und nur Einsiedlerkrebse und Liebhaber von Farben wie Sandgelb, Kamelbraun und Khakigrün werden länger als eine Woche Gefallen an der eintönigen, eher flachen Landschaft finden. Aber die kommen voll auf ihre Kosten, denn es gibt nicht einmal ein Kino oder ein Theater, die Zerstreuung bieten könnten. Um doch ein bisschen Abwechslung ins Bild hereinzubringen, hat die Natur im Norden steile Basaltklippen aus dem Meer getrieben und das Land mit einigen Anhöhen, **picos**, garniert.

Vila Baleira

B 2, S. 77

2900 Einwohner

Ortsplan → S. 69

Im Hauptort, der einzigen größeren Siedlung, leben rund 60 Prozent der insgesamt 4800 Inselbewohner. Ein deutlicher Zuwachs, denn noch 1950 hatte die Insel nur 3017 Einwohner.

Die rund 2000 Jugendlichen, sonst die ersten, die ihre Sachen packen, sind der Beweis, dass der Lebensstandard angestiegen ist. In den letzten Jahrzehnten hat sich tatsächlich auch vieles getan: Der Flughafen wurde modernisiert und mit einer schöneren Ankunftshalle versehen. Die Fähre Lobo Marinho, die nun auch Autos transportiert, löste die über die Wellen springenden Schnellboote ab, was den einzigen Apotheker auf der Insel halbwegs arbeitslos machte. Mit dem größeren Fährschiff kommen nun auch mehr Touristen, neue Bars und Quartiere sind entstanden. Die Insel ist attraktiver geworden.

Im Ferienmonat August steigt der Puls von Vila Baleira senkrecht an, dann ist der Strand das Bade- und Urlaubsziel von Madeirensern und Portugiesen. Der Ort, der Eile sonst nicht kennt, wirkt dann wie eine Wallfahrtsstätte. Die übrigen Monate dagegen verbringt man garantiert in absolutem Frieden. Bei dieser ungerechten Verteilung der Ferienzeit verwundert es nicht, dass Kaufleute und Gastronomen zu den Anhängern der Ameisen-Philosophie zählen: Im Sommer horten, um im Winter die Polster gefüllt zu haben.

Auch politisch war die Strandinsel lange das glatte Gegenteil von Madeira. Von einem kurzen sozialdemokra-

tischen Intermezzo im Jahr 1979 abgesehen, machten im Rathaus von Vila Baleira immer die Sozialisten Politik. Kein leichtes Spiel, denn die Regierung untersteht der Autonomen Region von Madeira, und der hiesige Bürgermeister muss es mit einem Sozialdemokraten wie Alberto Joào Jardim aufnehmen, der auf Madeira wie ein Fürst herrscht. Seit 1998 hoffen die Portosantenser, dass der neu gewählte sozialdemokratische Bürgermeister Roberto Silva ihre Interessen besser durchsetzen möge. Dennoch fühlt Porto Santo sich allzu sehr im Schatten des großen Madeira. Die Insel bleibt ein »Seitensprung« – für die Madeirenser im Sommerurlaub, für die Touristen auf einen Strandtag.

Dass die Entwicklung erst so spät einsetzte, liegt auch an der Wüsteneinsamkeit, von der die ganze Insel geprägt ist. Auf der Landkarte sind zwar viele Flüsse eingezeichnet, aber keiner führt Wasser. Über weite Strecken schaffen es nur sehr hartnäckige Pflanzen, der Trockenheit zu trotzen und sich auf dem kargen Boden häuslich niederzulassen.

Eine Legende besagt, dass der Entdecker Zarco ein trächtiges Kaninchen auf die Insel mitgebracht hat, dessen Nachkommen sich rasant vermehrten. Sie sollen so gefräßig gewesen sein, dass sie kein Haar an der Vegetation gelassen haben. Zwar wurden im Rahmen eines staatlichen Aufforstungsprogramms im Rücken Vila Baleiras Bäume und Sträucher gepflanzt, um die Erosion zu verhindern. Im Norden ist eine kleine Rebenlandschaft erkennbar, die den Grundstoff für den lokalen Wein liefert; er ist schwer und hochprozentig, und seine »Opfer« sieht man manchmal an den Wänden vor den **tascas** lehnen. Die besten Böden jedoch verschwanden unter dem Asphalt der Flughafenbahnen. Mit Ausnahme von etwas Obst und Gemüse müssen deshalb alle Lebensmittel und Produkte zum alltäglichen Bedarf über den teuren Seeweg von Madeira nach Porto Santo geschafft werden.

Stargast Kolumbus

Stolz sind die Insulaner auf Kolumbus. Seine Entdeckung Amerikas ist zwar hinreichend bekannt, weniger aber seine Aktivitäten im Zuckerhandel, die ihn bereits um 1478 nach Madeira und Porto Santo brachten. Hier lernte er Filipa Moniz kennen, die adelige Tochter des Gouverneurs Perestrelo. Mit der Heirat gelang Kolumbus der Aufstieg in die portugiesische Gesellschaft. Kolumbus und Filipa, die bereits 1485 starb, lebten zeitweise in Vila Baleira.

Und noch eine Legende: Man erzählt sich, dass Kolumbus am Strand von Porto Santo angeschwemmte Samen und Treibholz gefunden habe; dieses Strandgut brachte ihn auf die Idee, dass es im westlichen Atlantik Land geben könnte. Der portugiesische König João II. lehnte es 1482 jedoch ab, Kolumbus' Entdeckungsreise gen Westen zu finanzieren. Erst vier Jahre später hatte er bei der spanischen Königin Isabella Glück.

Eine spezielle Architektur hat sich auf der Insel nicht entwickelt. Typisch sind jedoch die Spitzdächer im weißroten Schachbrettmuster. Bei einer Pferdekutschenfahrt in den typischen **carriolas** hat man alles, noch dazu aus der bequemen Perspektive, im Handumdrehen gesehen. Man kann die Insel aber auch mit dem Taxi (25 €) oder bei einer Sightseeingtour erkunden, die etwa drei Stunden dauert (10 €) – und zu Fuß geht's natürlich genauso gut.

Die lokale Küche ist übrigens bekannt für ihre Fleischspieße (**espetada**) und die gegrillten Schnecken (**lapas grelhadas**), die die Fischer mühsam von den Riffs abschlagen.

Hotels/andere Unterkünfte

Central ■ a 2
Drei-Sterne-Residencial auf zwei Etagen, das, wie der Name schon sagt, eine zentrale Lage in Vila Baleira hat. Dafür läuft man ein paar Schritte mehr zum Strand, etwa 400 m. Einfache Zimmer im inseltypischen Stil. Zimmer mit Meerblick und Balkon.
Rua José S. S. Moura Caldeira;
Tel. 2 91 98 22 26, Fax 2 91 98 34 60;
42 Zimmer ★

Praia Dourada ■ b 1/b 2
Freundliches, unprätentiöses Hotel-Residencial, mitten im Hauptort, aber ruhig. Swimmingpool, Straßencafé. Nur Frühstück.
Rua Bispo D. Estévão de Alencastre;
Tel. 2 91 98 23 15, Fax 2 91 98 24 84;
108 Zimmer
★★ AmEx DINERS EURO VISA

Torre Praia Suite Hotel ■ a 3
Sie können wählen zwischen Sandstrand mit Atlantischem Ozean oder Sonnenterrassen mit Pool vor Palmenkulisse. Das mit vier Sternen schönste und komfortabelste Hotel der Insel. Breites Sport- und Fitnessangebot. Die Bar im Turm bietet einen schönen Rundblick. Etwa 300 m vom Zentrum entfernt.
Rua Goulart Medeiros; Tel. 2 91 98 52 92,
Fax 2 91 98 24 87; 66 Zimmer
★★ bis ★★★ AmEx DINERS EURO VISA

Sehenswertes

Forte de São José ■ a 3
Das Gebäude »Festung« zu nennen klingt fast zynisch, so unscheinbar wirkt es hinter seinen Mauern. Den anstürmenden Seeräubern hatte die Bastion auch tatsächlich nicht viel entgegenzusetzen. Errichtet wurde sie im 18. Jh. unter König Dom José I., dessen Namen sie trägt.
Rua Manuel Gregório Pestana

Igreja Nossa Senhora da Piedade ■ b 2
Die bedeutsamste Kirche der Insel stammt aus dem 17. Jh., steht aber auf den Grundmauern eines Gotteshauses aus der frühen Siedlungszeit. Ihre gotische Vorgängerin wurde 1667 von Seeräubern stark beschädigt; Reste sind an der Südseite zu sehen. Der heutige einschiffige Bau ist von beachtlicher Dimension für die kleine Insel, der Barock prägt sich jedoch nur sparsam aus. An ihrer strahlendweiß gekalkten Fassade kommen die blau-weißen Azulejos besonders gut zur Geltung. Das Geläut der wuchtigen Glocke ist über die ganze Insel zu hören – Messe ist hier noch ein Ereignis. In dieser Kirche sollen Kolumbus und Filipa Moniz 1478 geheiratet haben, was aber nicht eindeutig belegt ist.
Largo do Pelourinho

Largo do Pelourinho ■ b 2
Früher hat hier ein Schandpfahl gestanden, von dem der Platz seinen Namen hat. Doch die Zeit der Hinrichtungen ist vorbei und der Pranger verschwunden. Der zentrale Platz von Vila Baleira verbreitet koloniales Flair. Wie alle portugiesischen Plätze ziert ihn ein schwarz-weißes Mosaikmuster, hier in Form einer Windrose. Er ist umsäumt von Palmen, es gibt ein paar Bänke zum Ausruhen und Schauen. Das Ensemble aus Rathaus, Kirche und dem Café Baiana, das den Largo umzäunt, hinterlässt einen angenehmen Eindruck.

Paços do Concelho ■ b 2/b 3
Das Rathaus ist ein Beispiel für die portugiesische Renaissance-Architektur des 16. Jh., stark vom Kolonialstil beeinflusst. Über eine kleine Freitreppe erreicht man den Eingang. Landeswappen und die Königskrone lassen an der Bedeutung des Gebäudes keinen Zweifel.
Largo do Pelourinho

Padrão das Descobertas ■ b 3
In der Nähe des Strandes ragt eine graue, eckige Steinsäule etwa 5 m gen Himmel auf – das hiesige Denkmal der Entdeckungen. In den Stein sind Motive aus jener Zeit eingraviert. Ganz entgegen portugiesischer Gewohnheit, wenn es um die berühmte Geschichte des Landes geht, ist es so schlicht, dass man es fast übersieht.
Alameda do Infante

Ponte-Cais ■ b 3
Seit 1929 führt der Kai 102 m weit ins azurblau bis türkis schillernde Meer hinein. Schiffe legen hier freilich längst schon nicht mehr an, seit es den neuen Porto de Abrigo gibt, höchstens einmal ein Segler. So ist der Steg überwiegend den Bummlern überlassen. Auf dem Platz vor dem Brückenkopf warten die Pferdekutschen, **carriolas**, auf Gäste und Kolumbus auf Bewunderer, freilich als modellierte Büste. Er blickt, wie sollte es anders sein, auf den weiten Atlantik hinaus.

Museen

Casa-Museu de Colombo ■ b 2
Das kleine Museum ist Christoph Kolumbus gewidmet. Das Gebäude, in dem er und seine Frau Filipa gewohnt haben sollen, wurde mit Möbeln, Hausrat und Werkzeug aus jener Zeit eingerichtet. Amüsant ist die Porträtgalerie von Kolumbus aus dem 16. bis 20. Jh., in der mehrere Künstler mit den verschiedensten Varianten konkurrieren – niemand weiß genau, wie der berühmte Mann wirklich aussah.

Anhand alter Landkarten von Amerika und Madeira sowie historischen Drucken kann der Besucher sich dafür ein genaues Bild von der damaligen Weltsicht machen. Wer mehr darüber wissen will, mag sich in die Bücher der angeschlossenen Bibliothek vertiefen. Das kleine Atrium wird gelegentlich für Konzerte genutzt.
Rua Cristóvão Colombo, 12;
Mo–Fr 9.30–17.30, Sa 9.30–12 Uhr,
So geschl.; Eintritt frei

Essen und Trinken

Baiana M ■ b 2
Beliebtes Café gegenüber vom zentralen Platz Largo do Pelourinho. An den Wänden Gemälde von Porto Santo. Gute Regionalküche.
Rua Dr. Nuno S. Teixeira; Tel. 2 91 98 46 49
★

Forno westlich ■ a 3
Manche mögen's heiß: Spezialität ist hier Gegrilltes – und zwar pikant gewürzt.
Avenida Henrique Vieira de Castro;
Tel. 2 91 98 51 41 ★ bis ★★ EURO VISA

Gazela M ■ H 2, S. 87
Hausmannskost aus regionaler Küche. Spezialität sind **espetada com milho frito** (Fleischspieß mit gebratenem Mais) und **flambeados** (flambierte Gerichte).
1 km außerhalb von Vila Baleira,
Campo de Cima; Tel. 2 91 98 44 25

La Siesta Tropical Bar ■ H 2, S. 87
Die Strandbar hat ohne Frage schon bessere Zeiten gesehen. Trotzdem hat sie Atmosphäre.
Campo de Baixo

Lua
Der Fischeintopf **cataplana** ist die Spezialität des Hauses.
Sítio da Lateia; Tel. 2 91 98 44 14 ★★

Einkaufen

Als Einkaufszentrum könnte man die Fußgängerzone **Rua João Gonçalves** Zarco bezeichnen. In der kleinen Markthalle an ihrer Einmündung findet vormittags das Obst- und Gemü-

Oben: Romantische Stimmung am Strand von Ponta da Calheta (→ S. 76) auf Porto Santo.

Mitte: Das Casa-Museu de Colombo in Vila Baleira informiert über den Entdecker Christoph Kolumbus, der zeitweilig auf Porto Santo lebte.

Unten: Porto Santo bietet das, was Madeira fehlt, einen wunderschönen Sandstrand.

seangebot aus der lokalen Produktion seine Käufer. Die Backwaren in Porto Santos einziger **padaria** am oberen Ende der Straße sind übrigens vorzüglich. Wer ein Souvenir aus Porto Santo mitnehmen möchte, dem empfehlen sich die schönen Strohhüte und der süße, schwere Aperitifwein. In den Regalen der Läden stehen die lokalen Sorten »Caracol«, »Listrão«, »Boal« und »Verdelho«.

Am Abend

Big-Boy ■ b 2
Disko für Pistengänger ab 20 aufwärts. Kein Krawattenzwang, keine Wichtigtuer; es geht locker zu.
Rua João Santana; nur im Sommer

Challenger ■ c 1/c 2
Disko für die tanzwütige Jugend.
Rua Bispo D. Estévão de Alencastre; nur im Sommer

O Rapaz ■ b 3
Beliebte Bar an der Hauptstraße.

Service

Auskunft

Posto de Turismo ■ b 3
Vila Baleira, 9300 Porto Santo;
Tel. 2 91 98 23 61

Secretária Regional do Turismo e Cultura
Av. Henrique Vieira de Castro;
Tel. 2 91 98 23 61

Flughafen
Informationen der TAP Air Portugal
Tel. 2 91 98 21 46

Schiffsverkehr ■ I 2
Im Hafen; Tel. 2 91 98 25 77

Taxistand ■ b 2
Rua Dr. Nuno Silvestre Teixeira;
Tel. 2 91 98 23 34

Weitere Ziele auf Porto Santo

Karte → S. 77

Cabeço da Ponta ■ B 3

Ein Teilbereich des 8 km langen Strandes. Von hier aus kann man als Strandspaziergang leicht die westliche Südspitze Ponta da Calheta erreichen.

Hotels/andere Unterkünfte

Luamar
Komfortables Aparthotel am schönsten Strandabschnitt. Zimmer mit freundlicher Atmosphäre, Meerblick oder Blick ins Landesinnere. Frühstücksbuffet, Pool, Tennisplatz, Fitness, Sauna. Nach Vila Baleira ca. 4 km.
Cabeço da Ponta; Tel. 2 91 98 41 21, Fax 2 91 98 31 00; 73 Apartments
★★ AmEx DINERS EURO VISA

Am Abend

João do Cabeço MM
Gemütliche, rustikale Bar, die geöffnet hat, bis der letzte Gast geht. Wer Hunger bekommt, kann den Magen mit kleinen Snacks wie **bolo do caco, caldo verde** (Kohlsuppe) und Krabben füllen.
Sítio Cabeço da Ponta (an der Hauptstraße in der Nähe vom Hotel Luamar);
tgl. ab 19 Uhr, im Sommer ab 14 Uhr

Camacha ■ B 1

Wenn auf Porto Santo Regen fällt, dann meistens hier; deshalb ist der Boden von Camacha am fruchtbarsten. Der kleine Ort ist das Zentrum der örtlichen Weinherstellung, obwohl die meisten der hier geernteten Trauben entweder als Tafelobst oder als Rosinen verkauft werden.

Essen und Trinken

Estrela do Norte MM
Rustikales, strohgedecktes Restaurant mit Sonnenterrasse. Einfaches Interieur, aber es kommt wohlschmeckende regionale Küche auf den Tisch. Versuchen Sie es einmal mit dem Fleischspieß. Wer den Inselwein vor dem Kauf probieren möchte, hier kann er es tun. Hinter dem Restaurant steht die einzige Mühle der Insel, die noch in Betrieb ist.
Sítio da Camacha; Tel. 2 91 98 34 00;
tgl. ab 20 Uhr ★

Torres
In dem Restaurant kommen die besten Grillhühner, **frango no churrasco**, auf den rustikalen Tisch. Wer es scharf mag, der bestelle **bem quente** (sehr scharf). Witzige, inseltypische Architektur. Die Gartenterrasse verbirgt sich hinter einer Bambuswand, gegen die starke Sonne schützt ein Weinrankendach.
Sítio da Camacha; Tel. 2 91 98 43 73 ★★

Campo de Baixo ■ B 2

Strand wie Sand am Meer – der mittlere Teil der Strandzone. Sie wird von einer Dünenlandschaft begrenzt. Der Sand soll übrigens therapeutische Wirkung haben und bei verschiedenen Krankheiten helfen – etwa bei Rheumatismus, Krampfadern, Rachitis und Knochenschwäche. Deshalb begegnet der staunende Fremde häufig von Kopf bis Fuß im Sand eingebuddelten Menschen, die stundenlang in ihrer Position ausharren können. Das Wasser ist im Sommer sowohl tagsüber als auch nachts badewannenwarm, so dass man jederzeit ins Meer abtauchen kann.

Wer die – überwiegend geschlossene – **Capela Espírito Santo** besuchen möchte, sollte es zu Messezeiten tun.

Hotels/andere Unterkünfte

Porto Santo
Frisch renoviertes Vier-Sterne-Hotel direkt am Strand; an der Modernisierung des Mobiliars wurde allerdings gespart. Das Hotel ist ein Sportlertreff, da hier alles vermietet wird, was man zum Wassersport braucht. Außerdem gibt es eine Poollandschaft, Tennis, Minigolf, Kindergarten. Nach Vila Baleira gut 1,5 km.
Campo de Baixo; Tel. 2 91 98 01 40,
Fax 2 91 98 01 49;
96 Zimmer, 56 Appartements
★★ bis ★★★ AmEx DINERS EURO VISA

Theresia MM
Angenehmes, komfortables Residencial unter deutscher Leitung. Frühstück macht sich jeder selber. Mit großem Garten und Terrasse direkt am Strand. Ruhe garantiert.
Campo de Baixo; Tel. 2 91 98 36 83,
Fax 2 91 98 33 00; 6 Zimmer ★ bis ★★

Essen und Trinken

O Lagar
Eine Kneipe mit Stil: Je später der Abend, desto mehr entwickelt sie sich zur Piano-Bar. Kleine Snacks.
Sítio do Campo de Baixo; Tel. 2 91 98 48 74

Tia Maria M
Einfaches Strandrestaurant; mit der **caldeirada** (Fischeintopf) von Tia Maria kann niemand konkurrieren.
Ribeiro Salgado; Tel. 2 91 98 24 00;
nur Ostern und im Sommer geöffnet ★

Miradouro das Lombas ■ B 2

Mühlen haben auch auf Porto Santo mit der Zeit nicht Schritt halten können. Wenige Meter von Vila Baleira entfernt wurde jedoch eine restaurierte Mühle aufgestellt, die vor Jahren noch Getreide gemahlen hat.

Pico de Ana Ferreira ■ A 2

Der Aussichtspunkt liegt auf einer kleinen Anhöhe von 283 m. Hoch genug, um einen herrlichen Fernblick zu bieten, der bei gutem Wetter bis ans andere Ende der Insel reicht; manchmal erkennt man sogar die Silhouette von Madeira. Immer gut zu sehen ist Vila Baleira, der Strand, der bizarre Felsen Ilhéu de Baixo und der Ilhéu de Ferro. Schaut man nach unten, erblickt man einen mittelmäßig attraktiven Steinbruch. Interessant und seltsam zugleich sind dagegen die geologischen Magmastrukturen im Basaltgestein, »Steinkathedrale« genannt.

Pico das Flores ■ A 3

Der südwestlichste Aussichtspunkt Porto Santos liegt auf 184 m Höhe. Bei klarer Sicht hat man von hier aus einen umfassenden Blick von Ost nach West, manchmal sogar bis hinüber nach Madeira. Der schroffe Ilhéu de Baixo, der größte der sieben Porto Santo umlagernden Felsen, ragt vor dem Betrachter eindrucksvoll aus dem Meer. Am Pico das Flores üben manchmal Drachenflieger.

Pico do Castelo ■ B 2

Aussichtspunkt im Grünen mit Picknickpark auf 437 m Höhe – die einzige bewaldete Anhöhe der Insel. Von dem im 16. Jh. hier aufragenden Castelo, das als Fluchtburg vor Piraten diente, sind nur noch der Name und ein paar Steinreste übrig geblieben. Um den Eindruck seiner einstigen Anwesenheit zu verstärken, wurde eine Kanone aus jener Zeit aufgestellt, die das eine oder andere Piratenschiff versenkt haben mag; man fand sie 1982.

Blickfang in einem Wäldchen ist die kleine weiße **Capela da Graça**. Im religiösen Bewusstsein der Portosantenser ist fest verwurzelt, dass an diesem Ort die Heilige Jungfrau Maria einst zwei Hirten erschienen ist, weshalb das Gotteshaus Ende des 15. Jh. hier seinen Standort fand. Der Sage nach sprudelt hier die einzige Wasserquelle der Insel, die noch nie ausgetrocknet sein soll. Viel irdisches Glück war der Kapelle jedoch nicht beschieden. 1812 wurde sie zerstört. Der Wiederaufbau wurde zwar sofort in Angriff genommen, doch wegen Streitigkeiten zwischen Stifter und Bevölkerung gleich wieder gestoppt. Nach gut 150 Jahren Ruinendasein wurde 1951 die erste Messe im neuen Gebäude gehalten. Da die Kapelle normalerweise geschlossen ist, kann sie nicht besichtigt werden. Sie öffnet ihre Tore lediglich für Trauungen und den großen Feiertag Porto Santos, der **Festa de Capela da Graça**: Am 14. August findet eine Prozession zur Kirche statt. Im Anschluss an die Rückkehr nach Vila Baleira wird in dem aufwendig geschmückten Ort bis zum 15. August gefeiert.

Ponta da Calheta ■ B 3

100 Prozent vulkanisch. Die bizarren Felsklippen des Ilhéu de Baixo, auch Ilhéu da Cal genannt, ragen fotogen aus dem tiefblauen Atlantischen Ozean. Wenn im Hochsommer in Vila Baleira das Leben tobt, sind hier immer noch stille Plätzchen zu finden.

Essen und Trinken

Pôr do Sol M
Das größte »Verdienst« des Bar-Restaurants an der südwestlichsten Inselspitze ist der Sonnenuntergang – es gibt auf der Insel keinen besseren Platz, um den Feuerball bei einem erfrischenden Drink hinter dem Horizont verschwinden zu sehen. Freunde von frischen Fischgerichten

kommen auch auf ihre Kosten.
Ponta da Calheta; Tel. 98 43 80;
tgl. bis der letzte Gast geht ★

Portela

■ C 2

Und noch ein Aussichtspunkt: die »Theaterloge« von Porto Santo. Von hier aus kann man bei gutem Wetter die ganze Südküste überblicken.

Quinta das Palmeiras

■ A 2

Das Paradies von Porto Santo: Umgeben von plätschernden Bächen, Teichen mit Goldfischen und Schwänen, Palmen und Vogelgezwitscher kann man hier in aller Ruhe genießen. Meer- und Strandblick bietet ein Café, das zum Verweilen einlädt. Größeren Hunger kann man hier jedoch nicht stillen. In begrenztem Umfang werden Wein und Obst aus der landwirtschaftlichen Produktion zum Kauf angeboten.
Sítio dos Linhares

Serra de Dentro

■ BC 1

Die hügelige Landschaft erstreckt sich kahl und braun im nördlichen Osten; sie ist allerdings nicht ganz so karg wie die Serra de Fora. Ihr höchs-

ter Berg, sozusagen der Mount Everest der Insel, ist mit 517 m der **Pico do Facho** (Fackelberg). Bei **Pedregal** fallen verlassene Bauernhäuser und Reste der früher betriebenen Terrassenwirtschaft auf. Sie erzählen von den vergeblichen Bemühungen der Bevölkerung, dem verdörrten Boden das Lebensnotwendige abzuringen. Den **socalcus**, wie die Terrassen hier heißen, ist ihre Sinnlosigkeit anzusehen; sie sind völlig zerfallen. Früher bauten die Bauern hier Getreide und Wein an. Doch als es vor gut 50 Jahren zu regnen aufhörte, verkam die Landwirtschaft. Ein paar Schafe und Ziegen ziehen manchmal noch an einem vorüber, auch einige Kühe sieht man grasen; anders als ihre Artgenossen auf Madeira dürfen sie hier frei herumlaufen, weil keine Absturzgefahr besteht.

An den Häuserruinen lässt sich die frühere Bauernhausarchitektur der so genannten **casas de salão** ablesen: Extrem dicke Steinmauern sorgten im Sommer für Kühle, im Winter für Wärme. Um das Dach gegen die starke Sonneneinstrahlung abzudämmen, liegen Rohrstöcke auf dem hölzernen Balkenwerk, darüber dicke Schichten Erde, oft dicht mit Gras bewachsen, oder manchmal auch Tonziegel, die den Regen abwehrten. Die casas de salão werden heute nicht mehr gebaut, und nur in einzelnen Fällen sind sie noch bewohnt.

Serra de Fora ■ BC 2

Hier glaubt man in der Heimat der Beduinen zu sein – die überwiegende Farbe ist wüstengelb. Die Serra de Fora liegt an den östlichen Ausläufern des Berges Pico do Facho.

Unterkunft

Casa Rosário Coelho MM
Ein portosantensisches Landhaus mitten in der Serra de Fora, 1837 erbaut und 1995 nach traditionellem Vorbild restauriert. Alte landwirtschaftliche Anlagen sind noch zu sehen, etwa ein Dreschplatz.
Sítio da Serra de Fora (gut 4 km östlich von Vila Baleira); Tel. 2 91 98 43 06, Fax 2 91 98 45 71; 4 Zimmer ★★

Essen und Trinken

Teodorico MM
Kleines, uriges Espetada-Restaurant, das für seine Fleischspieße inselweiten Ruf genießt. Fahren Sie in Richtung Serra de Fora aus Vila Baleira hinaus. Wegen der wechselnden Öffnungszeiten unbedingt vorher anrufen.
Serra de Fora; Tel. 2 91 98 22 57 ★

Die Igreja da Piedade in Vila Baleira (→ S. 71): ein erstaunlich stattliches Gotteshaus für die kleine Inselgemeinde.

MERIAN-Tipp

Fonte da Areia Die »Quelle im Sand« ist von goldgelben Sandstein-Bergen umgeben, die wie eine versteinerte Dünenlandschaft aussehen. Die Erosion hat in ihnen eindrucksvolle Spuren hinterlassen. Dem Wasser, das man an der Quelle erhält, sagt man Heilkräfte bei Haut-, Magen- und Darmerkrankungen, Lähmung und Warzen nach. Manche glauben aber auch fest an seine ewig verjüngende Wirkung. Ein Café mit überdachten Bänken und Stühlen lädt zum Verweilen ein. Ein schmaler Trampelpfad führt zum Meer hinunter.

■ B 1–2

Extra: Madeira mit Kindern

Madeirenser sind kinderfreundlich, aber die Angebote für die Kleinen sind dürftig. Da außer auf Porto Santo Sandstrände fehlen, kann es Kindern schnell langweilig werden.

Für Kinder ist Madeira, das muss man ehrlich sagen, nicht das Paradies auf Erden. Es gibt keine Strände, an denen sie im Sand buddeln, im Wasser planschen und schnell Spielkameraden finden könnten. Die steinigen Vulkanstrände sind dafür kaum geeignet, und die beiden schwarzsandigen Ministrände oft überfüllt. Was bleibt, sind die Swimmingpools der Hotels, öffentliche Bäder und der lange Sandstrand von Porto Santo. Manche Parks bieten ein paar Spielgeräte – die allerdings für die wenigsten Kinder eine Herausforderung darstellen.

Eine Infrastruktur, die sich speziell an Kinder richtet, etwa öffentliche Wickelräume, eine Babysitter-Vermittlung, Kinderspielplätze, Streichelzoos etc., ist auf Madeira nicht vorhanden. Immerhin, das **Aquarium** im **Funchaler Museum** (→ Museu Municipal, S. 38) könnte den einen oder anderen Knirps begeistern – ebenso die schönen Häfen mit ihren Fischerbooten und Segelschiffen ...

Die meisten Madeirenser zeichnen sich im Umgang mit den Kleinen allerdings als sehr kinderlieb aus. Sie gehören hier überall zum Leben dazu – und das erleichtert vieles. In den untouristischen Restaurants ist es üblich, für Kinder eine **meia dose**, eine halbe Portion zum halben Preis, anzubieten. Wenn sie nicht auf der Karte steht, fragen Sie danach. Die meisten großen Hotels und Restaurants verfügen über Hochstühle.

Auf Porto Santo mit seinem herrlichen langen, feinen Sandstrand können sich Kinder dagegen schon eher in ihrem Element fühlen. Hier können sie keiner Klippe zu nahe kommen, so dass auch den Eltern ein entspannter Urlaub sicher ist. Denn auch die Portosantenser Hoteliers haben an die Kleinen gedacht; alle Swimmingpools besitzen integrierte Kinderbecken. Das Hotel Porto Santo hat sogar einen eigenen Kindergarten.

Übrigens: Auch wenn der Himmel über dem Archipel von Zeit zu Zeit bewölkt sein mag und ein frisches Lüftchen weht, dringen doch UV-Strahlen hindurch. Sparen Sie deshalb nicht an Sonnencreme. Sie sollte einen hohen Lichtschutzfaktor haben. Gewöhnen Sie Ihr Kind langsam an die Sonne!

Immer noch Knochenarbeit: Korbflechten hat auf Madeira eine lange Tradition

Wasserstraßen-Wanderungen

über die uralten Levadas gehören zum Standardprogramm. Eine Inselrundfahrt mit dem Auto sollte man auch nicht versäumen.

Gipfelerlebnis über den Wolken: Vom Pico do Arieiro (1818 m) blickt man in neblige Schluchten.

Inselfahrt auf der Nordküstenstraße

Neben den vielen schönen, abwechslungsreichen Wanderwegen, die die Insel bietet, sollten man auf eine Inselrundfahrt nicht verzichten. Sie zeigt die vielen Kontraste auf eine eigene Weise. Kilometermäßig mag die Strecke an einem Tag zu bewältigen sein. Was aber die Zeit angeht, die man dafür benötigt, jedoch nicht. Die zahlreichen Kurven und möglicherweise langsam fahrende Lkws vor der Nase gebärden sich als echte Zeitfresser. Eine komplette Inselrundfahrt erfordert auf jeden Fall eine Übernachtung. Will man nicht nur an der Küste entlang fahren, sondern auch ins Gebirge, lohnt sich eine Vorüberlegung. In Ribeira Brava im Süden, Santa Maria Madalena im Westen und São Vicente im Norden sind die Schnittstellen, die zur Paúl da Serra führen. Für welche Strecke man sich entscheidet, ein Teilstück der Küstenstraße wird entfallen. In den Reiseplan unbedingt mit aufnehmen sollte man die Nordküstenstraße. Idealerweise liegt der Startpunkt in Funchal. Wenden Sie sich von dort aus nach Westen zu den Fischerorten Câmara de Lobos und Ribeira Brava, um die schönen Terrassenhänge mit Bananenstauden und Weinstöcken in der Morgensonne zu sehen. Sonnenplätze und Bäderflair bieten **Ponta do Sol, Madalena do Mar** und **Calheta.** Im Verlauf der Westküste bieten sich einige schöne Ein- und Ausblicke.

Langsam wird die Strecke immer menschenleerer, felsiger. Im Zickzack-Kurs geht es nach **Porto Moniz,** wo sich ein erfrischendes Bad im natürlichen Meerwasser-Schwimmbad anbietet. Ab hier beginnt die Nordküstenstraße. Die Fahrt wird nun zum besonderen Erlebnis: rund 20 Kilometer »Wildwasserfahrt« an Land! Die Strecke zwischen Porto Moniz und **São Vicente** schlängelt sich direkt zwischen einer Steilwand auf der rechten und dem Klippenrand auf der linken Seite entlang. Die Straße wird enger und enger, teils einspurig. An manchen Stellen muss man sich bei Gegenverkehr verständigen, wie es weitergehen soll, gegebenenfalls in eine Parkbucht zurücksetzen. Manchmal führt der Weg in dunkle, meist kurze Bergtunnels, an deren Ende plötzlich völlig neue Landschaftspanoramen auftauchen. Felsen spiegeln sich im tiefblauen Ozean; an den grün bewachsenen Steilwänden plätschert Wasser hinunter, so dass man Fenster und Schiebedächer schließen muss. Hinter dem einen oder anderen Tunnel wird man gar von einer Wasserdusche überrascht. Seit dem Bau von zwei Tunnels stürzen auf der früheren »Autowaschstraße« nur noch gelegentlich kleine Wasserfälle den Berg hinunter. Auf der anderen Seite brandet der Ozean mit aller Gewalt gegen den schroffen Fels. Je nach Windstärke werden die salzigen Wasserspritzer bis auf die Straße geweht. Teilweise ist die Straße nur durch kleine Steinmauern vor dem Meeresabgrund gesichert. Achtung: Steinschlaggefahr!

Die Nachmittagssonne hat den spröden Vulkanfels der Nordseite vergoldet, lässt die Weinhänge in den zerfurchten, idyllischen Tälern von Ribeira da Janela und São Vicente im Schattenspiel wirken. Die Insel ist jetzt etwa zur Hälfte umrundet. In **Ponta Delgada** hat die Felseneinsamkeit ein Ende, man kommt wieder häufiger durch Ortschaften. Ab Santana, beliebt wegen der spitzen Strohdachhäuser, ändert sich die Landschaft wieder spürbar. Die Straße verläuft nicht mehr direkt an der Küste. Vom Aussichtspunkt in Portela genießt man einen herrlichen Blick auf den Adlerfelsen, Penha de Águia, die gerade verlassene Nordküste und die starke Besiedlung. An der wüstenartigen Landzunge in der Ferne erkennen Sie, dass Sie im Osten Madeiras und an der Ponta de São Lourenço angekommen sind. Nach einem Abstecher nach Caniçal, wo das Walmuseum auf Sie wartet, geht es weiter zur hübschen Bucht von Machico, der Hauptstadt romantischer Legenden. Der untergehenden Sonne entgegen fahren Sie nach Funchal zurück.

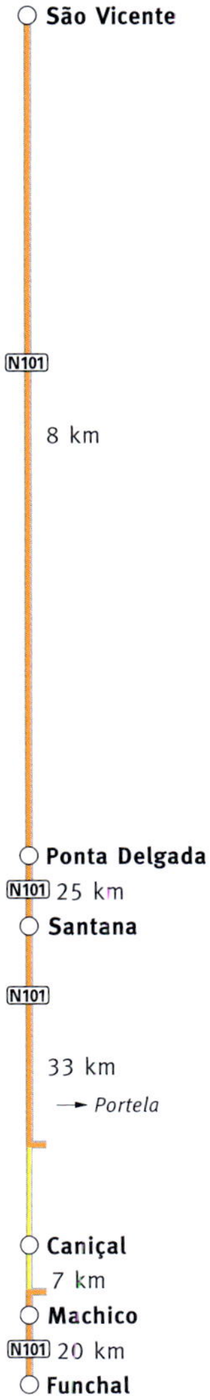

Dauer: 1 Tag; **Karte:** → 116–121

Wasserfälle und Quellen: die Levadas von Rabaçal

Die Levadas von Rabaçal gehören zu den beliebtesten. In landschaftlich schöner Umgebung befinden sich hier auf engem Raum diverse Wasserläufe, die dem Wanderer mehrere Möglichkeiten bieten.

Startpunkt Rabaçal

Startpunkt ist der Ort Rabaçal auf 1065 Metern Höhe. Unterhalb des Parkplatzes, bei einer **casa de abrigo** (Berghütte), führt ein Sandweg zwischen Baumheide hindurch zu den Levadas, die an einer Kreuzung durch Wegweiser ausgeschildert sind. Wählen Sie die Levada do Risco, an der entlang Sie zu dem kleinen See Lagoa do Vento kommen. Der Weg hat sich infolge der hohen Feuchtigkeit bald in einen Moosteppich verwandelt. Die Beeren der mannshohen Blaubeersträucher schmecken übrigens köstlich. Nach gut zwei Kilometern bringt der Pfad Sie zu dem beeindruckenden Risco-Wasserfall. Mit Getöse drängt das Wasser von der hoch gelegenen Lagoa über einen Felssturz in eine 100-Meter-Tiefe. Rechter Hand führt ein Zementweg zum **Risco-Aussichtspunkt**, der einen herrlichen Blick auf den Verlauf dieses sich verzweigenden, um Schluchten herumwindenden, in den steilen Bergfels hineingehauenen Wassersystems bietet.

4

Erster Abstecher: Risco-Wasserfall

Gehen Sie nun denselben Weg zurück. Kurz vor Rabaçal biegen Sie nach rechts zur Levada das 25 Fontes ein; sie ist ausgeschildert. Ein paar Steinstufen weiter unten treffen Sie auf den Wasserkanal, dem Sie gegen den Strom folgen. Riskieren Sie nach einigen Gehminuten einen Blick nach oben: Etwa 100 Meter tiefer angelangt, können Sie den Risco-Wasserfall jetzt aus der Froschperspektive sehen. Nach etwa einer Stunde Wegstrecke entlang der Levada das 25 Fontes erreichen Sie ein halbrundes Wasserbecken, das von einer dichten grünen, urwaldähnlichen Vegetation umgeben ist.

Zweiter Abstecher: die 25 Fontes

Sie sind bei den 25 Fontes, den 25 Quellen, angekommen. Genießen Sie das Spiel der Natur, und gehen Sie, wenn Sie sich satt gesehen haben, den gleichen Weg nach Rabaçal zurück.

Dauer: ca. 3 Stunden
Schwierigkeitsgrad: leicht, aber Trittsicherheit und Schwindelfreiheit erforderlich. Wo es steiler wird, sind die Wege mit Holzgeländern gesichert, ihr Zustand wird allerdings nicht regelmäßig überprüft.
Ausrüstung: Wanderstiefel, wärmende Kleidung, Regenjacke, Sonnenschutz.
An-/Abfahrt: mit dem Wagen ab Funchal bis Ribeira Brava. Von dort aus weiter auf der EN 104 nach Encumeada und auf der EN 110 in Richtung Porto Moniz 18 Kilometer. Die kleine Straße, die von der EN 110 rechts nach Rabaçal hinabführt, ist steil, schmal, schlecht und teilweise auch an gefährlichen Stellen ungesichert.

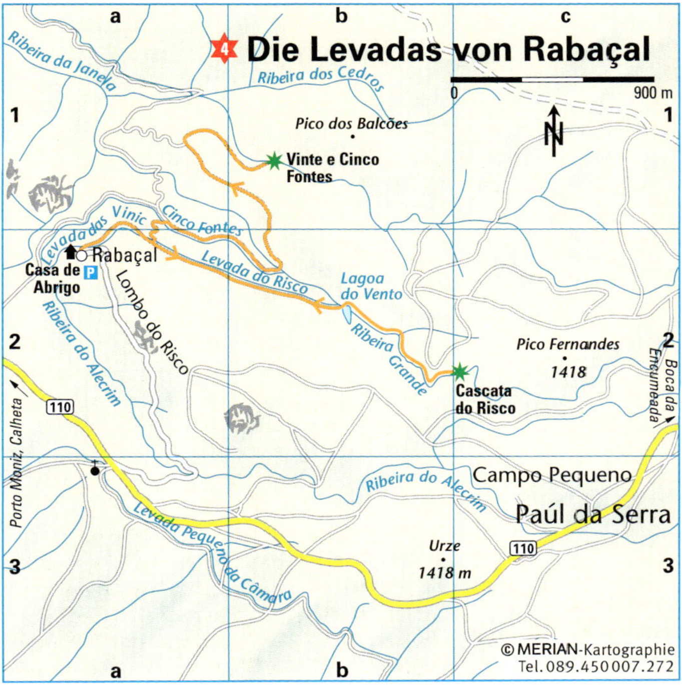

Grüne Wildnis – von Queimadas nach Santana

Die Wanderung führt in das Paradies des Inselnordens, durch Schluchten und Wälder und in das malerische Dorf Santana mit seinen markanten Strohdachhäusern.

Lust auf Abenteuer sollten Sie mitbringen. Begleitet von der Levada do Caldeirão Verde, (»grüner Kessel«), gelangt der Wanderer in eine der entlegensten Inselregionen, das pure Naturerlebnis. Das Gebiet ist als Naturpark klassifiziert, von dem Teile unter Naturschutz stehen. Tierfreunde werden viele Vögel und, mit etwas Glück, andere Waldtiere beobachten können.

Zum Ausgangspunkt Queimadas-Naturpark kommt man mit dem Taxi.

Ausgangspunkt ist der Queimadas-Naturpark. Beim Parkplatz weist das Schild »Caldeirão Verde, 6,5 Kilometer« den Weg. An den beiden Berghütten vorbei überqueren Sie mittels einer Holzbrücke einen Ententeich. Danach stoßen Sie auf den roten Lehmweg, der an der Levada do Caldeirão Verde verläuft. Blau blühende Hortensien säumen den Pfad. Hinter einem Gatter wird er deutlich schmaler und führt in westliche Richtung mitten in die grüne, von Bächen durchzogene Wildnis hinein. Die extrem hohe Luftfeuchtigkeit, die hier herrscht, hat eine überbordende Vegetation hervorgebracht. Flechten hängen an den Bäumen, und überall tropft Wasser von den bemoosten Felswänden. Unten im Tal liegt friedlich ein terrassiertes Plateau mit einigen verstreuten Bauernhäusern und **palheiros** (Kuhställen).

Bei klarem Wetter kann man von hier aus mit dem Fernglas Madeiras höchsten Berg, den Pico Ruivo, erkennen.

Sie wandern auf 900 Metern über dem Meeresspiegel immer entlang der rauschenden Levada. Die gigantischen Schluchten Ribeira dos Cedros und, nach etwa 20 Minuten, der Ribeira da Fonte do Louro werden überquert. Zäune aus Ästen und Wurzeln sichern vor dem Abgrund.

Die Levada scheint plötzlich verschwunden zu sein, ist aber in Wirklichkeit nur etwa einen Meter tief im Boden eingelassen; solche Stellen sind an dem übermäßigen Moosbewuchs gut zu erkennen. Einige Bäche werden nun überquert, steile Strecken passiert, die von Drahtzäunen flankiert werden. Bis zum Caldeirão Verde sind es nur noch vier Kilometer.

Der erste Tunnel kommt. Er ist kurz, da er sich aber biegt, ist das Ende auf der anderen Seite nicht zu sehen. Dahinter erwartet Sie eine Wegkreuzung. Folgen Sie nicht dem nach rechts weisenden Schild »Vale da Lapa«, sondern halten Sie sich links. Kurz darauf folgt ein zweiter, 200 Meter langer Tunnel, dann eine zweite Wegkreuzung. Auch hier halten Sie sich links und kommen zu einem weiteren Tunnel mit einem Fenster in der Mitte. Vorsicht, er ist niedrig und nass. Jetzt verlassen Sie den Verlauf der Levada kurz, um auf einem schmalen Weg eine überhängende, von einem Zaun gesicherte Felswand zu umgehen, die rechts steil abbricht. Die Wände sind hier dicht bewachsen.

Nachdem Sie einen letzten, kurzen Tunnel gemeistert haben, erblicken Sie weiter unten ein ausgewaschenes Bachbett. Achtung: Von der Levada aus ist der Caldeirão Verde nicht zu sehen. Links neben dem Bachbett steigt jedoch ein unscheinbarer Weg hoch, der schnell erklommen ist. Von dort oben sehen Sie den an grünen Wänden gut 300 Meter tief in den »Grünen Kessel« stürzenden Wasserfall, der unten in einem kristallklaren Natursee aufgefangen wird. Er heißt zu Recht »Kessel«, denn an seinem Fuße fühlt man sich ringsum von hohen, dicht bewachsenen Steilhängen wie eingekesselt.

Üppige Vegetation.

Ein »palheiro«, ein Stall im Queimadas-Naturpark.

Nach der nun fast zweistündigen Wanderung haben Sie sich eine Pause verdient. Auf einem Felsvorsprung finden Sie den für ein Picknick und zum Sonnen schönsten Platz. Vor Ihnen liegt das weite Tal der Ribeira Grande, das Sie von hier aus in seiner Gesamtheit überblicken können. Wenn Sie Ihr Picknick beendet, sich an der grünen Wildnis aber immer noch nicht satt gesehen haben, können Sie auf dem gleichen Weg weiterwandern bis zum Caldeirão do Inferno. Ansonsten kehren Sie auf demselben Weg nach Queimadas zurück. Wandern Sie von dort aus auf der Straße zurück nach Santana. Die Gelegenheit ist günstig, um sich dort noch die traditionellen Bauernhäuser mit ihren strohgedeckten Spitzdächern anzuschauen.

Dauer: ca. 5 Stunden
Schwierigkeitsgrad: mittelschwer. Trittsicherheit und Schwindelfreiheit unbedingt erforderlich. Rutschgefahr auf dem roten Lehmboden! Die streckenweise sehr steilen Abhänge sind durch stabile Holzgeländer gesichert, können aber bei Schlechtwetter mit dem Boden abrutschen. Nach oder bei Regen sollte die Wanderung nicht angetreten werden.
Ausrüstung: feste Wanderstiefel mit gutem Profil, warme Kleidung, Wanderstock, eine Taschenlampe pro Person, Proviant, Fernglas.
An-/Abfahrt: mit dem Mietwagen oder den Linienbussen 103 oder 138 von Funchal nach Santana. Von dort aus mit dem Taxi zum Queimadas-Park
Karte: → 120

Ins »Tal der Geretteten« – Levada do Curral

Herausforderung für Wanderprofis.

Die spektakulärste, aber auch die risikoreichste der hier empfohlenen Wanderungen: Zunächst beginnt die Strecke sanft, führt durch Vororte Funchals und zeigt die herrliche, fruchtbare Terrassenlandschaft des Socorridos-Tals, des »Tals der Geretteten«. Es scheint, als ob jeder Quadratzentimeter von den Bauern bebaut worden sei: Bananen, Gemüse, Wein, aber auch Blumen wachsen hier. Der gleichnamige Fluss soll einst so reißend gewesen sein, dass einige von Zarcos Leuten darin fast ertrunken wären.

4

In Santa Quitéria kommen Sie auf der linken Straßenseite hinter einer einfachen Bar und einem Brunnen zu einer Abzweigung. Wenn Sie den Ausgangspunkt nicht gleich finden, fragen Sie nach der **Levada do Curral**. Der abfallende Betonweg hinter dem Brunnen führt direkt zur Levada; sie ist hier noch mit Platten abgedeckt. Nachdem Sie den Ort – eine Mischung aus unansehnlichen Häusern und stattlichen Quintas – hinter sich gelassen haben, macht sich Natur breit. Die Luft riecht nach Heu und Eukalyptus. Sie sind von purer Landschaft umgeben, mitten in einem Wald duftender Bäume, wilder Brombeeren und Akazien. Die Levada wird von dem Bach **Ribeira do Arvoredo** gekreuzt und von einer Brücke überquert, fließt an Bananenstauden, Gemüseterrassen und Weinstockreihen entlang zum grünen Socorridos-Tal.

Warnung: Der Weg nach Faja ist derzeit sehr gefährlich.

Nach dieser etwa halbstündigen landwirtschaftlichen Episode biegt die Levada in die Felsenschlucht der Ribeira da Lapa ein. Ihr Wasserverlauf verschwindet jetzt kurz unter Betonplatten und führt in den Fels; Sie umrunden den Fels auf einer schmalen, gesicherten Mauer. Das Atmen fällt hier erfrischend leicht: Sie schlendern durch einen weiteren Eukalyptuswald.

Nach rund 45 Minuten hat das sorglose Wandern jedoch ein Ende. Die bevorstehende Strecke hat es in sich. Den weiteren Weg bis nach Faja sollte man inzwischen nicht mehr einschlagen. Zwar wird er in den meisten einheimischen Wanderführern ausgewiesen. Doch mangels Aktualität. Das Dorf Faja scheint seinem deutschen Namen »Erdrutsch« nämlich alle Ehre zu machen. Durch einen solchen wurden 1999 Teile der Levada verschüttet und bis heute nicht wieder in Stand gesetzt. Spätestens nach dem letzten Bauernhof bzw. der folgenden Drahttür auf der Wiese, sollte man den Rückweg antreten. Solange die Levada nicht repariert ist, ist von der Fortsetzung der Wanderung abzuraten.

Dauer: ca. 1,5 Std. für den leichten Weg (hin und zurück), 2,5 Std. bis Fajã und zurück.
Schwierigkeitsgrad: leicht bis kurz vor Fajã, danach schwer. Trittsicherheit, Schwindelfreiheit und Wendigkeit sind Bedingung für die längere Strecke.
Ausrüstung: feste Wanderschuhe, Regenjacke, Sonnenschutz, Taschenlampe, Proviant.
An-/Abfahrt: Buslinien 8 oder 16 bis zur Endstation Santa Quitéria. Danach zu Fuß der Straße folgend etwa 5 Min.
Karte: → S. 120

Die Felsen am Ponta de Sâo Lourenço (→ S. 94) leuchten in allen Farben.

Über den Pico Ruivo zum Encumeada-Pass

Am Südwestende des Parkplatzes an der Achada do Teixeira weist ein Schild zum »Pico Ruivo«. Auf den breiten Steigspuren kommt man sicher voran. An den Nordhängen entlang führt der Weg nach einer knappen Stunde zu einer Berghütte, hinter der Sie von einem Plateau aus einige Stufen auf die Gipfelspitze (1862 Meter) bringen.

Eine der vielleicht interessantesten Bergtouren.

An der Kreuzung wenden Sie sich nach rechts (Wegweiser »Encumeada«). Gut 16 Wanderkilometer liegen jetzt vor Ihnen. Hinter einem Gatter führen Steinstufen talabwärts mit Blick auf Curral das Freiras. Zunächst verläuft der Weg in südliche Richtung, bevor er eine westliche Wendung mit anschließendem Zickzack-Kurs nimmt. Nachdem ein weiteres Gatter passiert ist, kommen Sie auf die Nordseite, die für kurze Zeit den Blick auf den Ozean freigibt. Hinter einem Felsvorsprung gelangen Sie später erneut auf die Nordseite, die mit einem steilen, oft rutschigen Abstieg neben einer Steilwand zurück zur Südseite führt; die Stufen sind mit einem Drahtzaun gesichert.

Nach gut drei Wanderstunden ist der Torrinhas-Pass erreicht. An der Wegkreuzung folgen Sie dem Encumeada-Weg weiter. 200 Meter Höhenunterschied sind jetzt in einem etwa einstündigen Auf- und Abstieg zu bewältigen.

In der gastlichen, rustikalen Pousada dos Vinháticos können Sie sich vor der Rückfahrt mit dem Bus eine Stärkung gönnen.

Nach hohen Steilwänden schließt sich nun ein kleines, mit Riesenfarnen bewachsenes Tal an. Nach Encumeada hinunter steigt man wieder über viele steile Steintreppen.

Dauer: ca. 6 Stunden
Schwierigkeitsgrad: mittelschwer bis schwer. Manche Passagen erfordern Trittsicherheit und Schwindelfreiheit. Gute Kondition erforderlich. Vorsicht bei Nebel!
Ausrüstung: Gebirgsausrüstung !
An-/Abfahrt: Buslinien 103 oder 138 bis nach Santana oder die Buslinien 53, 78 oder 103 bis nach Faial.
Ab dort mit dem Taxi zur Achada do Teixeira. Rückfahrt ab Encumeada mit Buslinie 6.
Karte: → S. 119/120

Meerumschlungene Wüste – Ponta de São Lourenço

Die Ponta de São Lourenço ist der südöstlichste Landzipfel Madeiras, der wie ein Fremdkörper am vulkanischen Archipel hängt und mit ihm kaum etwas gemein hat. Den Besucher erwartet eine raue, steppenartig verdörrte Landschaft, die dementsprechend über keine Levadas verfügt, wohl aber über Wanderwege. Auch Madeiras Sandstrand **Prainha**, der freilich vulkangrau ist, befindet sich hier kurz vor der **Abra-Bucht**, die sich nicht zum Baden eignet.

Kontrastprogramm zum tropischen Grün.

Am Parkplatz vor der Abra-Bucht beginnt die Wanderung. Zunächst ist der Weg einfach und gut erkennbar. Leicht ansteigend, führt er in nördliche Richtung. Bei guter Sicht kann man jetzt schon das Ziel der Wanderung sehen, den Leuchtturm auf der Landzungenspitze und das Felsentor im Meer. Nach etwa einem Kilometer halten Sie sich an einer Weggabelung links, um einen kleinen Abstecher zur Nordseite der Küste zu machen. Während das Land auf der Südseite sanft ins Meer hineinfließt, schlagen die Wellen hier wild gegen die Klippen. Besonders eindrucksvoll ist der wie eine Säule aus dem Meer ragende »Seepferdchen-Felsen«.

Interessante Gesteinsformationen begleiten Sie auf den guten, aber oft schmalen Erdwegen.

Zurück zur Weggabelung. Wandern Sie jetzt links weiter und orientieren Sie sich an den Telefonmasten. Wo der Pfad zu enden scheint, zeigen rechts die Trittspuren den Fortgang. Über eine kurze Kletterstelle gelingt der Abstieg in die Abra-Bucht. Etwas Pfadfindergeist erfordert die Überquerung von mehreren Felsplatten. Der Weg ist zwar mit roten und blauen Punkten markiert, sie sind aber nur schwer erkennbar. Ein Blick auf den gegenüberliegenden Hang zeigt den Routenverlauf und hilft bei der Orientierung.

Danach führt der Weg über einen schmalen Felsgrat, der beidseitig Schwindel erregend steil ins Meer abfällt. Der Abstieg auf dem schmalen Weg entlang der Steilwand ist die schwierigste Aufgabe, aber er ist bald geschafft. Suchen Sie nach den Trittspuren! Anschließend ist der Weg wieder leicht. Eine Steinmauer öffnet den Weg zum Plateau der Casa do Sardinha, ein verfallenes Haus, das sich für ein Picknick gut eignet. Am höher liegenden Klippenrand endet der Pfad; dahinter geht es steil in den Abgrund. Der Rest Land ist nur vom Meer aus zugänglich, weshalb man hier den Rückweg antreten muss.

Der Blick auf die Südküste Madeiras ist besonders schön im Abendlicht.

Dauer: ca. 3 Stunden
Schwierigkeitsgrad: mittelschwer. Trittsicherheit, Schwindelfreiheit und Orientierungsvermögen sind streckenweise erforderlich. Der Weg führt über einige vulkanische Felsplatten, die den weiteren Verlauf nicht immer erkennen lassen. Bei Sturm gefährlich!
Ausrüstung: feste Schuhe, Sonnenbrille, -hut, -creme, Trinkwasser.
An-/Abfahrt: mit dem Wagen über Caniçal zur Abra-Bucht. Eine Busverbindung besteht mit Linie 113 bis Caniçal/Baía da Abra von April bis Oktober.

Madeira-Infos von A(nreise) bis Z(oll).

Mit Nebenkosten- und Klimatabelle, Geschichte auf einen Blick, Register und vielen anderen nützlichen Tipps.

Beim Feiern ist Madeira ganz groß. Die meisten Feste sind religiösen Ursprungs, enden aber als Volksfeste mit Tanz und Jahrmarkt

Madeira von A–Z

Anreise und Ankunft

Mit dem Flugzeug

Die portugiesische Airline **TAP** bietet als einzige Linienfluggesellschaft Flüge nach Madeira an. Ansonsten gelangen Sie nur mit Charterfluggesellschaften nach Funchal. Direktverbindungen bietet die TAP ab Frankfurt (freitags) und Zürich (mittwochs). Von Frankfurt aus bringen Sie die Maschinen mit dem rot-grünen Streifen via Lissabon einmal täglich nach Funchal, viermal wöchentlich von Berlin und Hamburg, fünfmal wöchentlich von München und Wien (über München); in Kooperation mit der Deutschen BA mehrmals wöchentlich ab Köln und Düsseldorf nach Lissabon. Für Flüge ab Lissabon stehen täglich mehrere Verbindungen auf dem Flugplan. Flugdauer: ab Frankfurt etwa drei Stunden, ab Lissabon rund eineinhalb Stunden. Je nach Saison kosten die Flüge ab 350 €.

Für den Transfer von Funchal nach Porto Santo gibt es gute Anschlüsse mit den Propellermaschinen der Gesellschaft ATA. In gut 20 Minuten sind Sie auf dem Flughafen von Porto Santo gelandet; Flüge gibt es mehrmals täglich.

Die Piloten der Chartergesellschaft **LTU** setzen mehrmals wöchentlich auf den Pisten von Funchal auf; sie kommen aus Berlin, Düsseldorf, Frankfurt, Hamburg, München und Stuttgart. Die Preise liegen bei (ab) 300 €. Einmal wöchentlich fliegt **Condor** nach Funchal, und zwar ab Berlin-Schönefeld, Düsseldorf, Frankfurt, Hamburg, München und Stuttgart. Preis um 350 €. **Hapag-Lloyd** verbindet Hannover mit Funchal einmal wöchentlich für ab 330 €. Abhängig vom Flugdatum wird es teurer.

Der Flughafen **Santa Catarina** liegt bei Santa Cruz im Nordosten der Inselhauptstadt, gut 20 km von Funchal entfernt. Wer die Taxikosten sparen will, nimmt den Bus; die Haltestelle ist direkt am Flughafen. Am Abreisetag sollte die Anfahrt zum Flughafen großzügig kalkuliert werden, da die Verkehrsdichte oft hoch ist. Derzeit wird der Flughafen erweitert und modernisiert. Wegen der kurzen Landebahn hatte Santa Catarina lange einen schlechten Ruf; sie ist mit EU-Mitteln um fast 1 km verlängert worden und reicht bis ins Meer hinein, gestützt von hunderten von Stelzen. Die Arbeiten am Flughafen dauern voraussichtlich bis 2002.

Im Flughafen befindet sich eine **Touristeninformation**.

Auskunft

In der Bundesrepublik Deutschland
Portugiesisches Touristik- und Handelsbüro
Schäfergasse 17, 60313 Frankfurt/Main;
Tel. 0 69/23 40 94, Fax 23 14 33;
Internetadresse:
www.icepfra@portug.al.f.eunet.de

In Österreich
Portugiesisches Tourismusamt
Stubenring 16M, 1010 Wien;
Tel. 01/5 13 26 70, Fax 5 12 88 28;
Internetadresse: icepvie@icepvie.co.at

In der Schweiz
Portugiesisches Tourismusamt
Badenerstraße 15, 8004 Zürich;
Tel. 01/2 41 00 01, Fax 2 41 00 12;
Internetadresse: icep@dial.eunet.ch

In Portugal
Posto de Turismo da Madeira em Lisboa
Pálacio Foz, Praça dos Restauradores,
1250 Lisboa; Tel. 2 01/3 46 91 13

Azulejos

Al-zulayi – »kleine Steinchen« – hießen bei den Arabern die bunten Quadrate aus Ton, die sie nach ihren Eroberungszügen im 8. Jh. auf der

Iberischen Halbinsel einführten. Die Azulejos sind Portugals typischer Dekorationsschmuck, der sich auch auf Madeira durchgesetzt hat. Die gebrannten, glasierten Vierecke sind schön anzusehen und kunstvoll gestaltet; sie dienen als Tapetenersatz und sind zugleich konservierend und klimatisierend.

Bevölkerung

Als die Portugiesen den Madeira-Archipel im 15. Jh. in Besitz nahmen, war er unbewohnt. Die ersten Siedler kamen hauptsächlich aus den portugiesischen Südprovinzen Algarve und Alentejo, später auch aus Nordportugal. Ein zweiter Einwanderungsschub folgte mit dem Ankauf von schwarzen Sklaven und der Versetzung nordafrikanischer Gefangener. Sie wurden hauptsächlich als Arbeitskräfte beim Zuckerrohranbau, bei der Anlage von landwirtschaftlichen Terrassen am Hang, den **poios**, und beim Bau von Wasserkanälen, den **levadas**, eingesetzt.

Heutzutage hat Auswanderung Tradition. Missernten, die extrem harte Landarbeit und bittere Armut zwangen und zwingen viele Madeirenser, ihr Glück anderswo zu suchen. Ihre Ziele waren Brasilien, Venezuela und Südafrika. 1950 etwa wiesen die Meldelisten 269 769 Einwohner aus, 1970 wurden nur 251 135 gezählt. Durch den Erfolg im Tourismus wurden seit den achtziger Jahren neue, attraktivere Arbeitsplätze geschaffen, was sich auf die letzte Volkszählung von 1991 niederschlug: Die Einwohnerzahl war wieder auf 253 426 geklettert. In vielen Gemeinden leben gegenüber 1950 jedoch nur noch halb so viele Bürger.

Die meisten Menschen, rund 80 Prozent der Insulaner, leben im südlichen Küstenstreifen Madeiras. Der Norden ist kaum besiedelt, das Inselzentrum praktisch menschenleer. Der Trend, Dörfer zu verlassen, um in städtische Zentren zu ziehen, hält an. Mit 15,3 Prozent liegt die Rate des Analphabetismus für europäische Verhältnisse relativ hoch.

Entfernungen (in km) zwischen wichtigen Orten auf Madeira

	Calheta	Camacha	Câmara de Lobos	Funchal	Machico	Ponta Delgada	Porto Moniz	Ribeira Brava	Santa Cruz	Santana	Sao Vicente
Calheta	–	70	54	60	88	66	44	32	81	91	57
Camacha	70	–	18	10	36	62	82	40	14	43	65
Câmara de Lobos	54	18	–	8	36	56	65	22	29	47	47
Funchal	60	10	8	–	28	64	72	30	21	39	55
Machico	88	36	36	28	–	54	81	58	7	29	63
Ponta Delgada	66	62	56	64	54	–	27	34	62	20	9
Porto Moniz	44	82	65	72	81	27	–	43	88	52	18
Ribeira Brava	32	40	22	30	58	34	43	–	51	59	25
Santa Cruz	81	14	29	21	7	62	88	51	–	36	70
Santana	91	43	47	39	29	20	52	59	36	–	34
Sao Vicente	57	65	47	55	63	9	18	25	70	34	–

Camping

Auf Madeira gibt es nur einen Campingplatz (**Parque de Campismo**), der sich im Inselnorden, in Porto Moniz, befindet. Wegen Verlegung und Modernisierung ist er vorerst geschlossen.

Der Campingplatz der Nachbarinsel **Porto Santo** liegt in direkter Strandnähe. Da die Platzpreise sich ohne Mehrwertsteuer (IVA) verstehen, werden am Ende des Aufenthaltes allerdings 12 Prozent aufgeschlagen.
Campingplatz in Porto Moniz:
Tel. 2 91 85 24 47
Campingplatz auf Porto Santo:
Tel. 2 91 98 23 61

Diplomatische Vertretungen

Für Deutschland
Consulado Honorário da República da Alemanha ■ e 3, Klappe hinten
Honorarkonsul Ricardo do Monte dos Santos, Largo do Phelps, 6, 9000 Funchal; Tel. 2 91 22 03 38; Mo–Fr 10–12.30 Uhr

Einkaufen

Bordados – Stickereien
Stich an Stich sitzen die Nadeln der **bordadeiras** gekonnt auf dem Tuch aus Baumwolle, Leinen oder Seide, 7 formen Blumen, Blätter und Bordüren – eine schwierige, aufwendige Arbeit, die höchste Präzision und Konzentration erfordert. Die Lochstickerei Madeiras ist einsame Spitze, und dafür ist sie weltberühmt. Tischdecken, Sets, Servietten, Taschentücher und Blusen verwandeln sich unter den Händen der – unterbezahlten – madeirensischen Frauen in kostbare, fast unbezahlbare Träume: Schon kleinste Deckchen sind unter 25 € kaum zu haben. Die bordadeiras, die ihre Kunst hauptsächlich in Heimarbeit in den Dörfern der ländlichen Regionen herstellen, sind dagegen völlig unterbezahlt; sie werden pro gesticktem Loch entlohnt. Neben den klassischen Herstellungsformen fertigen heutzutage madeirensische Designer eigene, oft recht ausgefallene Modelle an. Die handgefertigten Originale lassen sich von den industriell hergestellten Kopien aus China anhand der kleinen Bleiplombe unterscheiden, dem Gütesiegel des **Instituto de Bordados, Tapeçaria e Artesanato de Madeira** (I.B.T.A.M.); sie bürgt für Qualität. Um die Preise auf dem hohen Niveau zu halten, lassen die Händler die wertvolle Arbeit inzwischen auch auf Polyester ausführen.

Madeirawein
Natürlich kauft man den Madeirawein am besten an Ort und Stelle. In Fässern, Schränken und Regalen lagert in Funchals Weinkellern hochprozentiges Kapital. Jeder Weinliebhaber wird nervös, jeder Verkäufer nimmt

MERIAN-Tipp

Korbflechtereien im Direktverkauf Sehr viel günstiger als im Laden sind die Korbwaren bei den Heimarbeitern in Camacha, die vom »O Relógio« abhängig geworden sind und miserabel bezahlt werden. Wollen Sie das Monopolgeschäft umgehen, suchen Sie in Camacha die Korbflechter in ihren **tendas** (Heimwerkstätten) auf. Fragen Sie einfach nach einem **vimeiro** oder **cesteiro** (Korbflechter). In Funchal gibt es außerdem Kooperativen, die Körbe herstellen, etwa in der Rua da Carreira, und der Rua do Carmo. Die Auswahl ist dort zwar kleiner, aber die Arbeit genauso gut. ■ D 5

Haltung an, wenn er ins Heiligtum gelangt, wo der edle **Vintage** hinter gut verschlossenen Türen reift. Für diesen Madeira aus einem deklarierten Superjahrgang, der nach der Fassreife mindestens 20 Jahre in der Flasche ruhte, darf man getrost damit rechnen, tief in die Tasche greifen zu müssen. Der 1899er Blandy's Terrantez etwa kostet stolze 560 €. Der 1822er Verdelho gilt gar als Investitionsobjekt; bei Auktionen kann er leicht mehr als 3500 € erzielen! Mit etwas Glück findet man den eigenen Geburtsjahrgang. Bevor Sie sich zum Kauf entschließen, können Sie die edlen Tropfen verkosten.

Bei guter Lagerung bleibt der Vintage mehr als 150 Jahre in gutem Zustand. Aufgrund der hohen Nachfrage und des beschränkten Angebots ist selbst der Qualitätswein, der mindestens zehn Jahre alt ist, kein billiges Vergnügen. Gängige Markenweine werden nach drei Jahren auf Flaschen gezogen.

Korbflechterei

Die Korbflechterei ist eines der ältesten Kunsthandwerke auf der Insel. Zentrum der Korbflechterei ist Camacha. Die geschnittenen Weiden (**vimes**) – nur manchmal wird noch Ginster (**giesta**) verwendet – werden gekocht, geschält, getrocknet und zu Körben in allen Größen, zu Tabletts, Blumenübertöpfen, Figuren oder Korbmöbelgarnituren verarbeitet.
In Camacha befindet sich eine Art Kaufhaus namens »O Relógio«, das die Geschäfte mit dem Korb fest im Griff hat. Der Besucher begibt sich auf drei Etagen in die Welt der Flechtkünstler, denen man im Keller auch bei ihrer mühsamen Arbeit zusehen kann. Alle Sightseeing-Busse halten mittlerweile hier, was dem Inhaber eine sichere Stammkundschaft verschafft und die Preise enorm in die Höhe getrieben hat. Da man hier Export erfahren ist, können Sie sperrige

Filigrane Stickereien von Madeira – schön, aber nicht billig.

Gegenstände verpacken und an Ihre Heimatadresse senden lassen – freilich gegen rund 40 Prozent Preisaufschlag.

Blumen

Von der Blumenvielfalt Madeiras möchte man wenigstens ein Exemplar mitnehmen. Die Strelitzie ist eines der beliebtesten Mitbringsel. Reisefertig verpackt, erhält man außer der Paradiesvogelblume auch Orchideen sowie viele andere dekorative Gewächse. Für eine sichere Verpackung lohnt es sich, etwas mehr Geld auszugeben.

Madeira-Tracht

Wem der Sinn nach den weiten, rotbunt gestreiften Wollröcken der Blumenfrauen und der roten Weste steht – man kann sie in Souvenirläden bekommen; dazu gehört eine weiße Leinenbluse. Originell sind die hellen Lederstiefel (**botas de vilão**) mit rotem Streifen, die an Damen- und Herrenfüßen bequem sind. Auf den Kopf kommen entweder der fröhliche Strohhut der Korbschlittenfahrer in Monte, das blaue Flanellkäppi mit hochstehendem Zipfel (**carapuça**) oder die kuschelige braune Strickmütze mit Ohrenklappen und Bommel (**barrete de orelhas**), für die man in unseren Gefilden allerdings etwas Mut braucht. Überhaupt stehen die dicken Wollwaren, die es in den Bergen zu kaufen gibt, hoch im Kurs: Nicht nur Wanderer freuen sich über warme Wolljacken, lange Socken und Handschuhe.

Fado

Fado, der nationale Folksong, ist nicht auf Madeira zu Hause. Er gehört nach Lissabon, wo er vermutlich gegen Ende des 19. Jh. in den Hafenspelunken entstanden ist. Einige Restaurants auf Madeira bieten jedoch den **Fado de Lisboa** als Touristenattraktion. Sehnsucht, Schicksal und Liebe sind die Beweggründe des Klageliedes. Begleitet von einer dickbauchigen, zwölfsaitigen **guitarra portuguesa**, die wie eine Zither klingt, gibt sich die schwarz gekleidete Sängerin mit ekstatischem Ausdruck, vor der Brust gefalteten Händen und geschlossenen Augen der Wehmutsmelodie genießerisch hin. Pathos und Pose gehörten zu Amália Rodrigues, der alten Diva des Fado. Aber auch die neuen Stars, wie Mísia oder Dulce Pontes, die neue Formen entwickeln, zelebrieren sie.

Feiertage

1. Januar	**Ano Novo**, Neujahr
Februar	**Entrudo**, Karnevalsdienstag
April	**Sexta-Feira Santa**, Karfreitag
April	**Páscoa**, Ostern (ohne Ostermontag)
25. April	**Dia de Liberdade**, Nelkenrevolution (1974)
1. Mai	**Dia do Trabalho**, Tag der Arbeit
Mai/Juni	**Corpo de Deus**, Fronleichnam
10. Juni	**Dia de Portugal**, Nationalfeiertag
15. August	**Assunção de Nossa Senhora**, Mariä Himmelfahrt
5. Oktober	**Implantação da República**, Proklamation der Republik (1910)
1. November	**Todos os Santos**, Allerheiligen
1. Dezember	**Restauração da Independência**, Restauration (1640)
8. Dezember	**Imaculada Conceição da Nossa Senhora**, Unbefleckte Empfängnis
25. Dezember	**Natal**, Weihnachten

Fernsehen

Die meisten Filme sind im Ausland gekauft und nicht synchronisiert, so dass man sie im (meist amerikanischen) Originalton verfolgen kann. Die Hotels sind durch Satellitenschüsseln mit den heimatlichen Sendern verbunden. Fast alle empfangen die »Deutsche Welle TV«.

Feste und Festivals

Februar/März
Carnaval
Am Karnevalssamstag ziehen farbenprächtige Umzüge durch die Stadt, überschwemmen maskierte Madeirenser unter heißen Rhythmen die Straßen von Funchal. Samba und knappe Flitterkostüme à la Rio sind neuerdings in Mode. Am Karnevalsdienstag präsentiert der »Umzug der Tölpel«, Cortejo de Trapalão, verwegene Masken. Auf den Dörfern werden manchmal noch traditionelle Masken getragen. Alles in allem: vier Tage Ausgelassenheit!

April
Festa da Flor
Mit einem Blumenmeer begrüßt Funchal nach Ostern den Frühling. Während des dreitägigen Blumenfestes wird aufgeboten, was die Inselflora zu bieten hat: Blumen an allen Fenstern, an jedem Revers, in allen Locken – Blumen im Überfluss! Bei den allegorischen Umzügen vertreten Mädchen die auf der Insel heimischen Blumengattungen.

Juni
Fins de semana musicais
Der Sommer steht im Zeichen klassischer Musik. Im Repertoire sind Klassik, zeitgenössische Musik und Folklore.

August
Festa Nossa Senhora do Monte
Fest zu Ehren der Schutzheiligen von Madeira. Prozessionszüge der Gläubigen setzen sich in allen Orten der Insel Richtung Monte, zur Kirche Unserer Lieben Frau, in Bewegung, um ihre Versprechen zu erfüllen. Der Kirchplatz ist mit Fahnen und Girlanden aus Myrrhe, Lorbeer und Hortensien geschmückt.
15. August

September
Festa do Vinho
Mit dem Beginn der Weinlese startet das Weinfest. Eine Woche lang dreht sich alles um die süßen Trauben. In Estreito de Câmara de Lobos, dem Zentrum des Weinbaugebietes, transportieren die **borracheiros** wie früher auf ihrem Rücken den Wein in Ziegenbälgen. Weinlese, Weintreten und andere alte Bräuche können die Gäste hautnah miterleben.

November
Festa da Castanha
Rechtzeitig zum Allerheiligentag sind die Kastanien reif. In Curral das Freiras wird dieses Ereignis gefeiert – mit Tanz, **fatias**, einem zuckersüßen Fettgebäck, und herzhaften Bohnengerichten.
1. November

Dezember
Weihnachten
Ortschaften und Kirchen werden mit Palmwedeln vom Zuckerrohr »tapeziert«, die Altäre mit Blumen geschmückt, Papiergirlanden und Lichterketten von Haus zu Haus gezogen. An den Türen hängen Myrtenzweige für ausgewanderte Angehörige.
25. Dezember

Silvester
Der Höhepunkt des Jahres! Funchals Straßen, Häuser und Bäume sind mit Lichterketten von 260 000 Glühbirnen erleuchtet. Um Mitternacht steigt ein Feuerwerk in den Himmel, und die Kreuzfahrtschiffe, die sich in der Hafenbucht drängen, geben mit ihren Hörnern ein lautstarkes Konzert.
31. Dezember

Nebenkosten in EURO

1 bica (Espresso)	ab 0,50
1 Bier	ab 0,75
1 Cola	ab 0,80
1 Brot (ca. 500g)	ab 1,60
1 Schachtel Zigaretten	1,90
1 Liter Benzin	0,85
Fahrt mit öffentl. Verkehrsmitteln (Einzelfahrt)	0,75
Mietwagen/Tag	ab 20,00

Stand: Januar 2001

FKK

Nacktbaden ist in Portugal generell nicht erlaubt. Gesetz und Moral stehen dagegen – beide wirken auf der Insel stärker als auf dem Festland. FKK an den Swimmingpools der Hotels ist ungebräuchlich. Manche jüngere Madeirenserinnen in öffentlichen Freizeitbädern oder am Strand von Porto Santo baden und sonnen oben ohne.

Fotografieren

Filme sind verhältnismäßig teuer, noch teurer als auf dem Festland, weil die Transportgebühren hinzukommen. Man sollte Fotomaterial also besser mitbringen. Fotogeschäfte bieten überall Schnellentwicklungsdienste an.

Geld

Banken sind Mo–Fr von 8.30–15 Uhr geöffnet, Wechselstuben (**câmbio**) Mo–Fr 8.30–19, Sa 8.30–13 Uhr. Reiseschecks nimmt bei Vorlage des Personalausweises jede Bank entgegen. Banken und Wechselstuben erheben teilweise sehr hohe Gebühren. Ausnahme: die Banco de Portugal in Funchal, Av. Ariaga 8; Mo-Fr 8.30–11.45 und 13–15 Uhr. Jederzeit und viel günstiger kann man mit der EC-Karte Geld an den **Multibanco**-Automaten (kurz: **MB**) ziehen.

In Funchal und Caniço werden **Kreditkarten**, vor allem Visa, Mastercard und Eurocard, von allen größeren Hotels, Restaurants und Geschäften akzeptiert. Weniger Glück hat man mit American Express und Diners Club. In den meisten Häusern des Turismo de Habitação oder Turismo Rural und in vielen Restaurants im Binnenland ist die Plastikkarte als Zahlungsmittel nicht gebräuchlich.

Geschäftszeiten

Geschäfte öffnen werktags von 9–13 und 15–19, Sa von 9–13 Uhr. In **Centros Comerciais** (Einkaufszentren) wie dem Europa, Anadia Infaure oder Tavira in Funchal kann man oft bis 22 Uhr einkaufen.

Internet

Wichtige Links:
www.madeira-web.com
www.madeiraonline.com
www.madeira-island.com

Kleidung

Da Madeiras Klima atlantischem Einfluss unterliegt, kann oftmals ein recht frischer Wind aufkommen. Eine warme Strickjacke oder ein Pullover gehören daher in jeden Koffer. Selbst wenn morgens die Sonne scheint, kann das Wetter leicht umschlagen. Bei Spazierfahrten oder Wanderungen, besonders in höheren Lagen, sollte vorsichtshalber ein Wind- und Regenschutz mitgenommen werden. Im Winter gehört auf jeden Fall eine Regenjacke, eventuell auch ein Schirm ins Gepäck. Ansonsten ist man mit Baumwoll- oder Leinenstoffen bei den ganzjährig milden Temperaturen immer gut ausgerüstet. Strandbekleidung ist beim Besuch von Kirchen selbstverständlich unangebracht.

Kriminalität

Die Kriminalitätsrate ist im europäischen Vergleich niedrig. Gemeinhin wird das damit erklärt, dass Madeira sehr katholisch sei. Grundsätzlich gilt jedoch auch hier: Gelegenheit macht Diebe.

Manuelinischer Stil

Für die Entdeckungsfahrten im 15. Jh., die Portugal zum Regisseur der Weltgeschichte werden ließen, war Madeira nur ein Nebenschauplatz. Daher hat sich der Manuelinische Stil hier nicht so stark wie auf dem Festland entfaltet. Einzigartig in der Welt, entwickelte er sich im frühen 16. Jh. Namensgeber war König D. Manuel I., der mit dieser Kunstrichtung sich und der portugiesischen Seefahrernation ein in Stein gemeißeltes Denkmal setzte. Charakteristische Merkmale sind die gotische Grundstruktur, die überreich mit maritimen Symbolen, der Armillarsphäre, dem Kreuz der Christusritter, maurischen Rundbogenfenstern und Hufeisenportalen geschmückt ist.

Medizinische Versorgung

In Funchal und den größeren Ortschaften sucht man bei akuten Verletzungen oder Erkrankungen die ständig besetzte Notaufnahme (**Urgência**) eines staatlichen Krankenhauses (**Hospital**) auf oder ein staatliches Gesundheitszentrum (**Centro de Saúde**). Die Centros de Saúde sind normalerweise von 8 bis 20 Uhr geöffnet. Die Wartezeiten sind hier oft unzumutbar. Schneller geht es in den **Clínicas** oder **Consultórios** der Privatärzte – gegen hohe Rechnungen. Die Kosten im staatlichen Krankenhaus oder den Centros de Saúde sind dagegen sehr niedrig. Da mit Portugal ein Sozialversicherungsabkommen besteht, werden sie gegen Quittung von den gesetzlichen Krankenkassen erstattet.

Clinica da Sé

■ d 4, Klappe hinten

Rua das Murças, 42; Tel. 2 91 20 76 76

Centro de Saúde ■ c 2, S. 81

Rua Dr. José Diamantino Lima, Porto Santo; Tel. 2 91 98 00 60

Die genauen Klimadaten von Funchal

	Januar	Februar	März	April	Mai	Juni	Juli	August	September	Oktober	November	Dezember
Durchschnittl. Temp. in °C – Tag	15,6	16,2	17,1	20,1	23,7	27,5	29,0	29,2	26,6	23,5	20,8	17,4
Durchschnittl. Temp. in °C – Nacht	8,7	8,8	9,6	11,6	14,8	19,1	21,3	21,7	19,1	16,2	13,5	10,8
Sonnenstunden pro Tag	3,4	4,7	5,7	8,1	10,2	11,6	12,7	11,8	9,7	6,5	5,7	4,0
Regentage	12	7	8	4	2	1	0	0	2	6	6	10
Wassertemp. in °C	16	15	16	16	19	22	24	25	24	23	20	17

Quelle: Deutscher Wetterdienst, Offenbach

Farmácias, Apotheken, sind wochentags von 9–13 und 15–19 Uhr geöffnet, samstags von 9–13 Uhr. Für den Notfall außerhalb dieser Zeiten sind Dienst habende Apotheken im Aushang angezeigt.

Notruf

Polizei, Feuerwehr und Erste Hilfe: Tel. 112
Bei Autopannen hilft das madeirensische Pendant zum ADAC:
Delegação de Automóvel Clube de Portugal
Rua Dr. António José de Almeida, 17 II; Tel. 2 91 22 36 59

Politik

Dass die Madeirenser bis auf eine Ausnahme nie separatistische Bestrebungen entwickelten, liegt am Sonderstatus der Insel. Vom Regierungssitz in Lissabon weit entfernt, konnte sich früh Selbstständigkeit und Eigenbrötlertum herausbilden. Nach dem Sturz der Salazar-Diktatur 1974 trat eine rechte Bewegung (**Frente de Libertação da Madeira**) auf den Plan, die die radikale Loslösung Madeiras vom Mutterland betrieb. Mit dem Zugeständnis der Selbstverwaltung nahm die Lissabonner Revolutionsregierung ihr den Wind aus den Segeln. Seit 1976 wird Madeira autonom regiert. Die **Região Autónoma da Madeira** besitzt weit reichende politische, administrative und finanzielle Kompetenzen. Lissabon ist durch einen »Minister der Republik« ständig vertreten, der Kontrollfunktion ausübt. Die Regionalregierung ihrerseits entsendet fünf Abgeordnete ins Lissabonner Parlament. Seit 30 Jahren regieren ununterbrochen die Sozialdemokraten unter Regierungspräsident João Alberto Jardim, eine charismatische Figur. Für Jardim ist der **Ministro da República** der Staatsfeind Nummer eins, den es abzuschaffen gilt.

Post

Schalterstunden der **Correios** oder **CCT** sind von 8.30–18 Uhr, einige schließen zwischen 12.30 und 14 Uhr. Die Hauptpost in Funchal hat Mo–Fr von 9–19 Uhr, zum Telefonieren bis 22 Uhr geöffnet, samstags vormittags nur die Hauptpost und die Post am Flughafen. Auf Postkarten und Briefe bis 20 g in EU-Länder gehören Briefmarken (**selos**) im Wert von 0,45 €.

Radio

Gut zu empfangen sind die Kurzwellensendungen der Deutschen Welle mit Nachrichten und Informationen in deutscher, englischer und spanischer Sprache. Da die Frequenzen sich ändern können, kann man vor der Abreise den Sende- und Frequenzplan anfragen bei:
Deutsche Welle; Abt. Hörerdienst; Postfach 10 04 44 ; 50444 Köln; Tel. 0221/389 44 06

Reisedokumente

Staatsbürger eines EU-Mitgliedslandes können bei einem Aufenthalt bis zu 90 Tagen mit dem Personalausweis bzw. der nationalen Identitätskarte einreisen.

Reisewetter

Madeira unterliegt den nördlichen Passatwinden, die praktisch das ganze Jahr über für ein warmes, nicht übermäßig heißes Wetter sorgen. Die mittleren Temperaturen schwanken zwischen 23 Grad im Sommer und 19 Grad im Winter. Das Wasser erwärmt sich durch den Einfluss des Golfstroms auf sommerliche 22 Grad und winterliche 17 Grad. Für das Wetter gibt es eine Art Faustregel: Wenn man die südöstlich vor Madeira liegenden Ilhas Desertas klar erkennen kann, hat praktisch der ganze Osten gutes Wetter, der Westen dagegen ist bewölkt. Sind die Desertas umnebelt, ist auch der Osten bewölkt, der Westen aber klar. Wer in den Bergen wandern will, orientiert sich am besten am Nordostwind: Er bläst die Berge frei und Wolken in den Süden Madeiras. Erscheinen die Desertas besonders nah, wetten die Einheimischen, dass es bald regnen wird. Der aktuelle Wetterbericht kann telefonisch unter 150 abgefragt werden, allerdings nur in Portugiesisch.

Sprache

Die Madeirenser sprechen Portugiesisch, wenn auch mit einer etwas breiten Vertonung. Der charakteristische Klang bildet sich durch die Mischung aus Vokalen, Diphthongen, Nasallauten, stimmhaften und stimmlosen Zischlauten und dem kehlig gesprochenen »r«. Im Sprachgebrauch werden viele Wörter zusammengezogen, was selbst bei gut Portugiesisch sprechenden Touristen für Verwirrung sorgt. Wortschatz und Grammatik stammen überwiegend aus dem Lateinischen (→ Sprachführer S. 114).

Stromspannung

Die Standardspannung beträgt 220 Volt, vereinzelt findet man noch 110 Volt. Die Steckdosen entsprechen europäischem Standard.

Talha Dourada

Der Barock in Portugal fiel zeitlich zusammen mit den Goldfunden in der Kolonie Brasilien. König, Adel und Klerus ließen zum Zeichen ihrer Macht und Pracht alles Holz in Palästen und Kirchen über und über mit feinem Blattgold, **talha dourada**, kurz: talha, überziehen.

Telefon

Nach Deutschland muss 00 49 vorgewählt werden, die Stadtvorwahl statt der 0 eine 2 und dann die Rufnummer.
Vorwahl für Österreich: 00 43,
Vorwahl der Schweiz: 00 41.
Internationale Vorwahl nach Madeira: 0 03 51
Alle Orte auf Madeira und Porto Santo haben dieselbe Vorwahl (2 91).

Tiere

Für Tiere muss an der Grenze ein kurz vor der Abreise ausgestelltes amtstierärztliches Gesundheitszeugnis vorgelegt und der Nachweis einer Tollwutimpfung erbracht werden.

Trinkgeld

Bedienung ist in den Preisen inbegriffen, Trinkgeld eine individuelle Entscheidung. Bei gutem Service sind 10 Prozent vom Rechnungsbetrag angemessen. Kofferträger erwarten ca. 0,50 €, Zimmermädchen ca. 2,50 € pro Woche.

Trinkwasser

Leitungswasser ist fast überall trinkbar.

Verkehrsbindungen

Mietwagen
In Funchal und in den touristischen Zentren der Insel haben alle Rent-a-Car-Firmen eine Vertretung, neben den bekannten internationalen auch einige – oft günstigere – lokale Autovermieter. Voraussetzungen sind das Mindestalter von 21 Jahren, ein gültiger Personalausweis und ein Führerschein. Die Mietpreise verstehen sich plus zwölf Prozent Steuern.

Madeira ist eine gebirgige Insel mit vielen extrem kurvigen Straßen und Steigungen. In den letzten Jahren wurden neue Schnellstraßen (**Vias Rápidas**) gebaut, um die Verbindungen zwischen den Orten zu verbessern und gewisse Regionen vom Verkehr zu entlasten, und es wird weiter gebaut. Neue Verbindungen von Funchal nach Sao Vicente und Porto Moniz, die direkt durch das Felsmassiv der Insel führt, und die von Machico nach Porto Cruz sind abgeschlossen.

Auf vielen Strecken muss man sich auf unbefestigte Seitenränder, sehr enge, unübersichtliche Passagen sowie teilweise ausgefahrenen Asphalt einstellen. In den Bergen sind die Serpentinen meistens gegen steile Abhänge gesichert, aber nicht immer. Achten Sie am Wegesrand auf die Levadas, die kleinen, Wasser führenden Kanäle, in die man besser nicht hineinfahren sollte.

Bei einer Inselrundfahrt werden zahlreiche teilweise sehr enge Tunnel durchfahren, die, wenn auch nur sehr schwach, meistens beleuchtet sind. Bedenken Sie, dass nicht alle Autofahrer im Tunnel automatisch das Licht einschalten! Auch Fußgänger können plötzlich im Dunkeln auftauchen. Für gewöhnlich, zumal mit einem Lkw vor der Nase, kommt man auf den Straßen der Insel nur im Schneckentempo voran.

Ein Wort zu den madeirensischen **Fahrpraktiken**. Obwohl die Portugiesen den Ruf haben, ein eher sanftes, ruhiges Volk zu sein – hinter dem Steuerrad ihres Wagens scheinen anarchistische Instinkte und Abenteuergeist wach zu werden! Man macht sich keinen Begriff von der grimmigen Entschlossenheit der Inselbewohner, selbst in unübersichtlichen Kurven zu überholen. Besonders beliebt ist auch dichtes Auffahren bei hoher Geschwindigkeit.

Tankstellen sind normalerweise von 7 bis 20 Uhr geöffnet. An den Zapfsäulen gibt es Super- (98 Oktan) und Normalbenzin (91 Oktan) sowie bleifreies Benzin (**sem chumbo**; 95 Oktan).

Die madeirensische Polizei achtet streng auf die Einhaltung der **Verkehrsregeln**. In geschlossenen Ortschaften sind 50 km/h erlaubt, auf Landstraßen 90 km/h und auf Autobahnen 100 km/h. Wer sich mit mehr als 0,5 Promille ans Steuer setzt und erwischt wird, dem drohen hohe Geldbußen, der Entzug des Führerscheins oder gar Gefängnis.

Bei Pannen hilft der Automobilclub in Funchal.

Taxis

Die Taxis sind einheitlich knallgelb mit blauem Streifen. In den Ortschaften gilt die Anzeige des Taxameters, außerhalb der Stadtgrenze gelten Festpreise. In jedem Taxi hängt eine Liste mit den gültigen Tarifen aus. Der Startpreis liegt bei 1,25 €. Für Gepäck werden 1,50 € aufgeschlagen. Von 22 bis 7 Uhr und an Wochenenden wird ein Zuschlag von ca. 20 Prozent auf den Tarifpreis erhoben.

Bei Bedarf wird man in aller Regel an einen Taxistand gehen müssen oder eines bestellen. Die Telefonnummern der Taxistände entnehmen Sie den Gelben Seiten des Telefonbuchs unter **Taxís e Automóveis de Aluguer**. Der telefonische Ruf wird extra berechnet.

Die Taxiunternehmen bieten auch Rundfahrten und Sightseeingtouren zu verschiedenen Zielen an. Fragen Sie nach einem deutschsprachigen Fahrer. Ein Tagestrip um die Insel kostet ungefähr 70 €.

Bus

Das Busnetz ist auf Madeira flächendeckend ausgebaut. Bushaltestellen sind mit dem Schild »Paragem« gekennzeichnet. Sechs Busgesellschaften teilen sich das Streckennetz: Die **Horários de Funchal** verkehrt mit ihren gelben Bussen in Funchal und

Umgebung. Die **Rodoeste** hat den Westen erschlossen, erkennbar an den rot-gelben Bussen. Im Osten fahren die grün-gelben Busse der Gesellschaft **SAM**.

Die Station in Funchal befindet sich in der Avenida do Mar; leider ist sie ganz und gar unübersichtlich, zumal die großen Hotels hier noch ihre Shuttle-Dienste integriert haben. Fahrpläne gibt es im Turismo (→S. 43).

Flugzeug
Mehrmals täglich fliegt die portugiesische Fluggesellschaft **ATA** (Aerocondor Transportes Aéreas) mit ihren Propellermaschinen, so genannten Shorts 330, in 20 Minuten von Funchal zur Nachbarinsel Porto Santo. Der Preis liegt bei ca. 75 €. Der Flughafen liegt etwa zehn Minuten nördlich des Hauptortes Vila Baleira.

Schiff
Zwischen Funchal und Porto Santo (Vila Baleira) besteht täglich außer dienstags eine Schiffsverbindung der **Porto Santo Line**. Auf dem modernen Fährschiff namens »Lobo Marinho« finden 850 Personen und 160 Autos Platz. Die Überfahrt dauert drei Stunden und kostet 48 €. Der Hafen Porto Santos heißt **Porto de Abrigo** und liegt etwa 1,5 Kilometer östlich von Vila Baleira.

Fahrräder
Fahrrad fahren nur Esel und Touristen – das ist die gängige Meinung unter den Madeirensern. Räder zählen in dem gebirgigen Gelände nicht zu den gewohnten Verkehrsmitteln, weshalb sie auch kaum irgendwo zu mieten sind. Lediglich auf der Nachbarinsel Porto Santo gibt es Bikes – und auch Gelegenheit für entspanntes Fahren.

Ein Tanz in herkömmlicher Insel-Tracht – zum Feiern gibt es zahlreiche Anlässe.

Wandern

Die Levada-Wanderungen zählen zu den Highlights Madeiras. Das Wassersystem der **levadas** durchzieht die kleine Insel auf einer Gesamtlänge von mehr als 2000 km, auf denen die Kanäle Wasser aus dem gebirgigen Inselnorden zu den Feldern im fruchtbaren Süden bringen. Dazu wurden Rinnen in manchmal Schwindel erregende Steilwände geschlagen, Tunnels ins Gestein gesprengt und Schluchten überbrückt – alles, um ein gleichmäßiges Gefälle herzustellen. Die Wege, die direkt neben den schmalen Wasserbetten verlaufen, schaffen Wanderern eine ideale Laufgrundlage und führen sie mitten hinein in das grüne Inselparadies und die alpine Felsenwelt Madeiras; in unberührte Natur ebenso wie durch bebautes und bewohntes Kulturland.

Diese Sand- oder Betonwege wurden ursprünglich für das Wartungspersonal, die **levadeiros**, angelegt, die nach wie vor die Levadas in Standhalten, reparieren und reinigen. Sie sind also ursprünglich nicht als Wanderwege ausgelegt, und manche eignen sich auch nur für routinierte Bergsteiger. Schwindelfreiheit, Kondition und gute Ausrüstung sind wichtige Voraussetzungen auf vielen Strecken.

Manchmal verläuft neben der Levada kein Weg, so dass der Wanderer auf den Mauern der Wasserkanäle balancieren muss. Die hohe Feuchtigkeit macht einige Wege zudem ziemlich rutschig.

Zu bedenken ist in jedem Fall, dass das Wetter in höheren Lagen leicht umschlagen kann. Anfang und Ende der Wanderung liegen oft weit auseinander, so dass es sich empfiehlt, Busverbindungen herauszusuchen oder ein Taxi zu bestellen. Oft lohnt es sich aber, die gleiche Strecke einfach wieder zurückzugehen. Insbesondere bei weniger gut ausgeprägtem Orientierungssinn ist dies der sichere Weg.

Für die meisten Levada-Wanderungen gilt Ähnliches wie bei Gebirgswanderungen. Kondition, Trittsicherheit und Schwindelfreiheit sind auf vielen Strecken dringend erforderlich. Die Wege sind oft feucht und glitschig, selten beschildert. Häufig führen sie durch lange Tunnels, nicht selten fehlt selbst an Steilhängen ein Geländer. Wasserfälle, Erdrutsche, Nebel und Unwetter sind weitere Widrigkeiten, mit denen zu rechnen ist. Levada-Wanderer sollten die Anforderungen ans Gelände auf keinen Fall unterschätzen! Zur Grundausstattung gehören festes Schuhwerk mit Profilsohle, Taschenlampe (für die Tunnels), Kompass, Sonnenhut, Sonnenbrille, Karten und Proviant. Wer sich mit Turnschuhen auf den Weg macht, ist mehr als leichtsinnig.

Wirtschaft

Der Tourismus ist das Rückgrat der madeirensischen Wirtschaft. Jährlich reisen rund 700 000 Gäste auf die Insel, die etwa 24 000 Betten in 250 Hotels bereithält. Dies, obwohl die Regionalregierung 1998 den Slogan »Fühlen Sie die Natur um sich herum« propagiert und festgelegt hatte, dass die Bettenzahl bis zum Jahr 2000 nicht 20 000 überschreiten sollte. Die Deutschen, lange Zeit auf Platz 1 in der Reisestatistik, wurden 1999 von den Engländern verdrängt. Die Deutschen rangieren mit 19,7 Prozent an zweiter Stelle. Nur die Portugiesen selbst reisen noch häufiger hierher als die Engländer. Die Bettenzahl soll sich bis zum Jahr 2000 auf 20 000 erhöhen. Rund 5000 Madeirenser sind im Hotelgewerbe beschäftigt, das sind etwa 15 Prozent der Erwerbsbevölkerung.

Eine andere Säule der Inselwirtschaft sind die Bananen. Seit der Öffnung des europäischen Binnenmarktes wurden sie jedoch zum Sorgenkind. Exportierte Madeira 1984 im August noch rund 5000 Tonnen der goldgelben aromatischen Früchte – deren Wohlgeschmack wir bei unseren Bananen mit Norm-Aroma nur noch erahnen können –, so war die Ausfuhrmenge mit rund 2000 Tonnen in 1994 auf weniger als die Hälfte reduziert worden. Die Proteste gegen die »Dollarbanane« reißen nicht ab. Die Inselbauern verlangen von der Europäischen Union, dass die Madeira-Banane gegen ihre gelben Doppelgänger aus der Karibik oder Lateinamerika vor dem Preisverfall geschützt wird.

Das Geschäft mit dem Wein, einst eine Goldgrube, erlitt in der Vergangenheit einige Fehlschläge. Erst wurde 1852 der Mehltau eingeschleppt, dann 1872 die Reblaus. Der Weinbau stand vor dem Aus. Als Ersatz für die europäischen Arten wurden reblausresistente Weinreben aus Amerika importiert. Der Wein daraus hat jedoch einen eigenartigen Beigeschmack und wird von Kennern nicht anerkannt.

Knapp ein Viertel der Bevölkerung ist in der Landwirtschaft beschäftigt, ein Drittel in der Industrie, 44 Prozent im Tertiärbereich. Viele haben am Monatsende tatsächlich nur den nationalen Mindestlohn in der Tasche, der derzeit bei etwa 330 € liegt. Im Vergleich dazu ist das Preisniveau erschreckend hoch. Um eine Familie ernähren zu können, verdienen die meisten durch Nebentätigkeiten hinzu, etwa mit Stickereien oder Korbflechten.

Zeitungen

Deutschsprachige Zeitungen, Magazine und Illustrierte gibt es in begrenztem Rahmen mit einer zeitlichen Verzögerung und Preisaufschlag zu kaufen. Wer portugiesische Zeitungen lesen will, kann zu den lokalen Zeitungen wie *Diário de Notícias*, *Jornal da Madeira* oder dem *Eco do Funchal* greifen. Wer touristische Informationen auf Deutsch sucht, nehme *Madeira aktuell*, eine Zeitung, die überall kostenlos ausliegt.

Zeitverschiebung

1996 schloss Portugal sich wieder der Greenwich-Zeit an. Nach Madeira reisende Mitteleuropäer stellen ihre Uhren bei der Ankunft eine Stunde zurück.

Zoll

Sofern mitgeführte Waren dem privaten Verbrauch dienen, unterliegen Reisende aus EU-Ländern keinen Ein- oder Ausfuhrbeschränkungen. Es muss allerdings erkennbar sein, dass die Waren, die Sie mitführen, ausschließlich für den Privatgebrauch bestimmt sind. Sollten die Grenzbehörden den Verdacht haben, dass Sie mit den Waren handeln, werden Sie zur Versteuerung herangezogen. Für Schweizer Staatsbürger sind die Freimengen beschränkt: 2 l Wein, 1 l Spirituosen mit mehr oder 1,5 l mit weniger als 22 Vol.- Prozent Alkoholgehalt, 200 Zigaretten oder 50 Zigarren, Souvenirs zum Wert von 200 sfr.

Geschichte auf einen Blick

Die Frühgeschichte des Archipels ist weitgehend unbekannt. Geologen vermuten, dass Madeira, Porto Santo, die Ilhas Desertas und die Ilhas Selvagens vor 30 Mio. Jahren bei einem submarinen Vulkanausbruch entstanden.

1351
Madeira taucht erstmals auf einer florentinischen Seekarte unter dem Namen »Isola di Legname« auf. Porto Santo heißt hier bereits »Porto Séo«.

1418–1420
João Gonçalves Zarco, Tristão Vaz Teixeira und Bartolomeu Perestrelo »entdecken« im Auftrag von Infante Dom Henrique, bekannt als »Heinrich der Seefahrer«, zuerst die Insel Porto Santo, dann Madeira. Sie nehmen den ganzen Archipel für Portugal in Besitz.

1425
Beginn der Besiedlung Madeiras. Wenige Jahre später sind weite Teile des waldreichen Gebietes abgeholzt. Auf Porto Santo kommen die ersten Siedler bereits fünf Jahre vorher an.

1433
König Dom Duarte stellt den Archipel unter die Lehnsherrschaft seines Bruders Dom Henrique. Dieser beginnt mit der Anwerbung von Siedlern, lässt nach kanarischem Muster Zuckerrohr anpflanzen und sorgt für den Import von schwarzen Sklaven als Arbeitskräfte. Den Archipel teilt er als Erblehen unter den drei Entdecker-Kapitänen auf. Sie erhalten Rechtshoheit und müssen für den wirtschaftlichen Aufbau sorgen.

1440
Tristão Vaz Teixeira erhält den Ostteil Madeiras mit Machico als Hauptstadt.

1446
Bartolomeu Perestrelo erhält Porto Santo.

1450
João Gonçalves Zarco erhält den Westteil Madeiras mit Funchal als Hauptstadt. Madeira wird Hauptzuckerlieferant für Europa.

1455
Die ersten Rebstöcke für den Weinanbau werden gepflanzt.

1478
Der Anbau von Zuckerrohr dehnt sich über den ganzen Südteil Madeiras aus. Die Einfuhr von schwarzen Sklaven steigt.

1497
König Dom Manuel I. gliedert den Archipel ins portugiesische Königreich ein. Funchal wird Hauptstadt. Als Regenten werden die Nachkommen von Zarco eingesetzt.

1508
Funchal erhält Stadtrechte.

1514
Funchal wird zum Bischofssitz erhoben.

Um 1550
Brasilien rückt als Zuckerlieferant für Europa an die erste Stelle und überrundet Madeira.

1566
Schwerster Piratenüberfall in der Geschichte des Archipels. Was auf den Schiffen der Korsaren keinen Platz mehr findet, wird zerstört.

1580–1640
König Philipp von Spanien wird Herrscher von Portugal und Madeira. Porto Santo wird unter die Oberhoheit von Madeira gestellt.

1703
Der Methuen-Vertrag bringt Portugal in wirtschaftliche Abhängigkeit von England. Der Einfluss englischer Kaufleute auf die madeirensische Wirtschaft steigt. Der Weinhandel gerät völlig unter englische Kontrolle.

1807
Im Kampf gegen Napoleon machen die Engländer Madeira zu ihrem Stützpunkt. Als französische Truppen auf Lissabon anrücken, kommen die Engländer Portugal zu Hilfe. Nach ihrem Sieg errichten sie in Portugal eine Protektoratsherrschaft.
Während dieser Zeit kommen viele Engländer nach Madeira und lassen sich hier nieder.

1852–1872
Erst wird Mehltau eingeschleppt, dann folgen Rebläuse. Sie vernichten den Weinbau fast vollständig und lösen eine schwere Wirtschaftskrise aus.

um 1860
Die Frauen der in Not geratenen Winzer bauen ihr kunstvolles Stickhandwerk zu einem Exportgeschäft aus.

1910–1926
Ende der Monarchie. Die Republik wird ausgerufen. In 16 Jahren erlebt Portugal 44 Regierungswechsel. Der Staatsbankrott führt zu einem Militärputsch, Auftakt für 50 Jahre Diktatur.

1928–1968
António de Oliveira Salazar wird zunächst Finanzminister, bald darauf Ministerpräsident und begründet den »Estado Novo«. Zensur, Bespitzelungen, Gefängnis und Folter werden Alltag.

1931
Salazar erlässt die »Hungergesetze«, die den Mehlimport monopolisieren. Aufstände der Bevölkerung werden vom Militär gewaltsam unterdrückt.

1960
Porto Santo erhält einen Flugplatz, finanziert von der NATO.

1964
Madeiras Flughafen wird eröffnet. Beginn des Massentourismus.

1974
Mit der unblutigen Nelkenrevolution wird das diktatorische Regime gestürzt. Der Demokratisierungsprozess beginnt. Anders als im Mutterland verlieren auf Madeira Großgrundbesitzer, Hoteliers und Unternehmer ihren Besitz nicht.

1976
Madeira erhält Selbstbestimmungsrecht mit Verfassungsrang. Ein »Minister der Republik« kontrolliert das Regionalparlament.

1986
Mit der Mitgliedschaft in der Europäischen Gemeinschaft fließen auch nach Madeira Agrarsubventionen und Zuschüsse.

1997
Regierungspräsident João Alberto Jardim sichert dem Partido Socialdemocrático (PSD) erneut den Wahlsieg.

1997
In der Verfassungsänderung wird die Position des »Ministers der Republik« geschwächt.

2002
Das größte Bauvorhaben in der Geschichte Madeiras, der Ausbau des Flughafens, soll fertig gestellt sein.

Wichtige Wörter und Ausdrücke

Ja	*sim*
Nein	*não*
Bitte	*por favor/se faz favor*
Danke	*obrigado/a (Frauen sagen: obrigada)*
Und	*e*
Wie bitte?	*como?/como disse?*
Ich verstehe nicht	*não comprendo/ não percebo*
Entschuldigung	*desculpe/peço desculpa!*
Guten Morgen	*bom dia*
Guten Tag	*bom dia (nach 13 Uhr: boa tarde)*
Guten Abend	*boa tarde (spät: boa noite)*
Hallo	*olá*
Ich heiße...	*sou.../o meu nome é...*
Ich komme aus...	*venho de...*
Wie geht's?	*como vai?/como está?*
Danke, gut	*bem, obrigado*
Wer, was, welcher	*a quem, o quê, qual*
Wie viel	*quanto*
Wo ist	*onde está/onde é*
Wann	*quando*
Wie lange	*quanto tempo*
Ich möchte	*queria/gostaria*
Sprechen Sie Deutsch?	*fala alemão?*
Auf Wiedersehen	*até logo*
bis gleich (unter Freunden)	*tchau*
bis wir uns wiedersehen	*até à vista*
(wenn der Abschied endgültig ist)	*adeus*
Heute	*hoje*
Morgen	*amanha*

Zahlen und Wochentage

eins	*um*
zwei	*dois*
drei	*trés*
vier	*quatro*
fünf	*cinco*
sechs	*seis*
sieben	*sete*
acht	*oito*
neun	*nove*
zehn	*dez*
hundert	*cem*
fünfhundert	*quinhentos*
tausend	*mil*
zweitausend	*dois mil*
fünftausend	*cinco mil*
zehntausend	*dez mil*
Montag	*segunda-feira*
Dienstag	*terca-feira*
Mittwoch	*quarta-feira*
Donnerstag	*quinta-feira*
Freitag	*sexta-feira*
Samstag	*sábado*
Sonntag	*domingo*

Mit und ohne Auto unterwegs

Wie weit ist es nach...	*quantos minutos/ quilómetros ainda faltam para...*
Wie kommt man nach...	*por favor, podia dizer-me o caminho/ a direcção para...*
Wo ist...	*onde é...*
– die nächste Werkstatt	*– a próxima oficina*
– der Bahnhof	*– a estação de caminho ferro*
– der Busbahnhof	*– caminho de autocarro*
– die nächste Busstation/ U-Bahn	*– o próximo paragem de autocarro/metro*
– der Flughafen	*– o aeroporto*
– die Touristeninformation	*– posto de turismo*
– die nächste Bank	*– o próximo banco*
– die nächste Tankstelle	*– a próxima bomba de gasolina*

Wo finde ich...	*onde está / onde posso encontra...*
– einen Arzt	*– um médico*
– eine Apotheke	*– uma farmácia*
Bitte volltanken!	*cheio, se faz favor!*
Normalbenzin/ Super/bleifrei/Diesel	*gasolina/super/ sem chumbo/ gasóleo*
rechts/links/ geradeaus	*à direita/à esquerda/em frente*
Ich möchte ein Auto/Fahrrad mieten	*quera alugar um carro/uma bicicleta*
Wir hatten einen Unfall	*tivemos um acidente*
Eine Fahrkarte nach... bitte	*um bilhete para... se faz favor!*

Übernachtung

Ich suche ein Hotel	*procuro um hotel*
Ich suche ein Zimmer für ... Personen	*queria um quarto para...*
Haben Sie Zimmer frei?	*ainda tem quartos?*
– für eine Nacht	*– para uma noite*
– für zwei Tage	*– para dois dias*
– für eine Woche	*– para uma semana*
Ich habe ein Zimmer reserviert	*mandei reservar um quarto*
Wie viel kostet das Zimmer?	*quanto custa o quarto?*
– mit Frühstück	*– com pequeno almoço*
– mit Halbpension	*– com meia pensão*
Kann ich das Zimmer sehen?	*poderia mostrarme o quarto? posso ver o quarto?*
Ich nehme das Zimmer	*queria o quarto*
Kann ich mit Kreditkarte zahlen?	*posso pagar com cartão?*
Wecken Sie mich um acht	*acorde-me ás oito, se faz favor*
Haben Sie noch Platz für ein Zelt/einen Wohnwagen?	*ainda tem um lugar para uma tenda/ para uma caravana?*

Restaurant

Die Speisekarte bitte	*a ementa, se faz favor*
Die Rechnung bitte	*a conta, se faz favor*
Ich hätte gern einen Kaffee	*queria um café*
– Espresso	*– uma bica café com leite*
– Milchkaffee	*– galão*
Wo finde ich Toiletten?	*onde está a casa de banho?*
Kellner/in (oder nur)	*o senhor/a senhora (se faz favor)*
Frühstück	*pequeno almoço*
Mittagessen	*almoço*
Abendessen	*jantar*

Einkaufen

Wo gibt es...	*onde posso comprar...*
Haben Sie...	*onde há tem...*
Wie viel kostet das?	*quanto custa?*
Es ist zu teuer	*e muito caro/é caro demais*
Geben Sie mir bitte 100 Gramm/ein Pfund/ein Kilo	*cem gramas, se faz favor/o meio quilo/ um quilo*
Danke, das ist alles	*obrigado/a é tudo*
geöffnet	*aberto*
geschlossen	*fechado*
Bäckerei	*padaria*
Lebensmittelgeschäft	*minimercado/ supermercado*
Markt	*mercado*

A
B
C
1
2
3
4
0
3 km
N
Atlantic Ocean
Ponta do Tristão
Penedia
Ilhéu Mole
Porto e Cais
Porto Moniz
Fazenda
Salão
Ladeira
Santa Maria Madalena
Levada Grande
Ilhéus da Ribeira da Ja
N101
Achada Grande
Ribeira da Janela
Achadas da Cruz
Roseira 811
Fajã das Contr
Achada da Fonte Vermelha
Nossa Sra. da Boa Morte
Fajã Nova
N110
Ribeira Funda
Fonte da Pedra 1022
Curral Falso
Lombada Velha
Cascatas
Ponta do Pargo
Pedregal
Serrado
Cab. das Covas
Cab. da Esmout
Pico da Pedreira 1093
Lombo Alto
N209
Ponta do Pargo
Pedreira 1241
Lombo Magro
1285
Corujeira de Fora
Amparo
Lombo
Passada Vermelha
Ribeira da Janela
Parque Natural d
Lombada dos Marinheiros
Melros 1264
Fajã dos Remos
1064
Pico Queimado 1339
Massapez
Fajã da Ovelha
Pico da Lamoirinha 1248
Vinte e Fontes
Raposeira do Serrado
Raposeira do Lugarinho
Rabaçal
Lagoa
Lombo da Velha
Paúl do Mar
Quebrada
Prazeres
Ponta Pequena
Referta
Lombo dos Moinhos
Lombo do Lameiro
Jardim do Mar
Ponta do Jardim
Lombo das Laranjeiras
Capela dos Reis Magos
Lombo dos Faias
Arco da Calheta 846
da Calheta
Lombo da Atouguia
116
118

D
E
F
1
2
3
4
Ilhéu de Fora
Baixa do Meio
Focinho da Forte
Ilhéu das Cenouras
Ilhéu da Fonte da Areia
Furnas das Amasiadas
Rocha do Gasparão
Camacha
Serra de Dentro
Pico do Facho
517
Farrobo
Ponta do Varadouro
Barbara Gomes
227
Ponta dos Ferreiros
Dragoal
Serre del Fora
Penedo
Ponta da Galé
Tabaqueira
Tanque
Barroca
Boqueirão de Cima
Campo de Cima
Ilhéu de Cima
S. Sebastião
Vila Baleira (Porto Santo)
Lombas
119
Campo de Baixo
Ponta da Canaveira
Ponta de Oeste
Ilhéu de Ferro
Ponta
Ilha do Porto Santo
5
184
Ponta do Gabriel
Ponta da Calheta
Boqueirão de Baixo
Pedra Branca
Moledo Ruivo
179
Atlantic
Funchal
Portinho
Ilhéu de Baixo ou da Cal
Ponta da Isabel
167
Ocean
Ponta do Patacho
Ponta do Ilhéu
Pontinha
Arco de S. Jorge
Serradinho
Seixal
Ponta do Poiso
Ponta Delgada
N101
Lombadinha
Terceira Lombada
Boaventura
Primeira Lombada
Cova
Boqueirão
7,5
Fajã da Areia
Segunda Lombada
4,5
Achada do Pereira
Fajã Granc
Véu da Noiva (Cascata)
Grutas de São Vicente
São Vicente
Fajã do Pen
Estreitinho
1094
N104
969
Passo
N107
Falca de B.
Achada do Cedro
Lameiros
Falca de C.
120
1511
1184
Achada dos Judeus
e siehe
eite 87
Lanco
Ginjas
6
Achada do Til
Achada da Madeira
Ruivo do Paul
1640
Casa do Caramujo
Estanquinhos
Vargem
Casa das Torrinhas
Moitada
Caldeirã do Infern
Urzal
1446
Pico da Selada
Achada do Loural
Vale da Caldeira Funda
4,5
Bica da Cana
1620
N209
Paúl da Serra
1007
Parque Natural
N110
Boca da Encumeada
Cristo Rei
Casa do Lombo do Mouro
Pousada dos Vinháticos
Pico do Cerco
1654
Fajã dos Cardos
Lombo do Moleiro
885
Lombo Galego
119
Serra de Agua
Terra Grande
117
Fajã Escura
Achada
das Freiras
Pinheiro
Eira do Serrado

A
B
C
116
Amparo
Corujeira de Fora
Passada Vermelha
Lombada dos Marinheiros
Melros
1264
Fajã dos Remos
N101
Massapez
Fajã da Ovelha
Raposeira do Serrado
Raposeira do Lugarinho
1064
Pico Queimado
1339
Pico da Lamoirinha
1248
N110
Vinte Fontes
Rabaçal
Lombo da Velha
Lagoa
Paúl do Mar
Quebrada
Prazeres
Ponta Pequena
Referta
Lombo dos Moinhos
Lombo do Lameiro
Jardim do Mar
Ponta do Jardim
Lombo das Laranjeiras
Capela dos Reis Magos
Lombo dos Faias
Arco da Calheta
846
Estreito da Calheta
Lombo da Atouguia
Ponta da Gale
N101
Cova do Arco
CALHETA
Massapez
Arco da Calheta
Capela de N. Sra. da Vida
Salões
Madalena do Mar
Ilhéu Chão
99
Ponta da Coada
Ponta da Castanheira
254
Ilhas Desertas
Ponta da Fajã Penquena
Forte
Ponta do Pedregal
479
Deserta Grande
Chão da Doca
408
A t l a
Atlantic Ocean
Ponta do Taboqueiro
Ponta do Cágado
Focinho
189
O c e
Ilhéu do Bugio
Ponta de Poça
Ponta da Agulha
5
6
7
8

A B C

D
E
F
117
São Vicente
N104
Achada do Cedro
Ruivo do Paul 1640
Estanquinhos
Casa do Caramujo
Lanço
Ginjas
Vargem
Achada dos Judeus
Achada do Til
Achada da Madeira
Casa das Torrinhas
Moitadas
Urzal
Achada do Loural
Vale da Caldeira Funda
Bica da Cana 1620
N209
Paúl da Serra
N110
Cristo Rei
Casa do Lombo do Mouro
Pousada dos Vinháticos
1007 Boca da Encumeada
Lombo do Moleiro
Pico do Cerco 1654
Parque Natural
Fajã Escura
Terra Grande
Serra de Água
Pinheiro
Curral das Freiras
Balseiros
Lombo Calego
Lombo das Torres
Vale Zimbreiro
Ribeira Brava
Ribeira da Tábua
Pomar de D. João
Espigão
Fontes
N104
Meia Légua
Achada
Choro
Lugar da Serra
Canhas
Lombada
Jangão
Capela do Espírito Santo
Candelária
Fajã da Ribeira
Apresentação
Cabo Podão
Tábua
Fontainhas
Roda e Massapez
Corujeira
Marinheira
do Sol
N101
Vale
N229
Campanário
Nogueira
Estreito de Câmara de Lobos
RIBEIRA BRAVA
Nossa Sra. da Glória
Igreja
Furnas e Amoreira
Quinta Grande
N222
Cabo Girão
Rancho
Câmara de Lobos
Espírito Santo e Calçada
N107
120
5
6
7
8
0
3 km

A
B
C
Farol de São Jorge
Ponta de São Jorge
Igreja do São Jorge
Achada da Cruz
SANTANA
São Jorge
Arco de S. Jorge
Ribeira Funda
Ilha
Faial
Porto da Cruz
São Roque do Faial
Portela
Santo da Serra
Pico Ruivo
1862
Pico das Torres
Pico do Arieiro
1818
Pousada do Pico do Arieiro
Caldeirão Verde
Caldeirão do Inferno
Casa das Queimadas
Ribeiro Frio
Parque Natural da Madeira
Camacha
Monte
Terreiro da Luta
Jardim Botânico
Blandy's Garden
Caniço
Santo António
São Roque
São Martinho
FUNCHAL
Fortaleza do Pico
Forte de São Tiago
Museu de Arte Sacra
Reserva Natural Parcial do Garajau
Ponta do Garajau
Ponta Gorda
Eira do Serrado 1026
9
10
11
12
117
119

D
E
F
9
10
11
12
Atlantic Ocean
Espigão Amarelo
709
Larano
os Rotos
Castanho
589
Caniçal
Ponta do Bode
Calhau dos Barreiros
Ponta do Rosto
Pedra Furada
Estreito
Ponta de São Lourenço
Porta da Abra
Prainha
Ponta do Furado
Ilhéu de Fora
Ilhéu de Agostinho
Museu da Baleia
Pedra da Eira
Ribeira Seca
Landeiros
Poço do Gil
Piquinho
Graça
Forte São João Batista
Quinta do Santo António da Serra
Machico
Queimada
Achada do Moreno
Ponta Queimada
Bemposta
Água de Pena
Aeroporto do Funchal-Sta. Catarina
Torre
Santa Catarina
Terça de B.
Santa Cruz
N101
São Pedro
São João
Karte siehe Seite 95
Porto Santo
0
3 km

Kartenregister

Zeichenerklärung

○ Orte
△▲ Kap, Gebirge
∞ Landschaft
~ Gewässer, Strand
★ Sehenswürdigkeit
☆ Nationalpark

Orts- und Sachregister

Hier finden Sie alphabetisch aufgeführt alle in diesem Band beschriebenen Orte und Ziele, Routen und Touren. Bei einzelnen Sehenswürdigkeiten steht jeweils der dazugehörige Ort in Klammern, bei Hotels steht zusätzlich die Abkürzung H für Hotel. Außerdem enthält das Register wichtige Stichworte sowie alle MERIAN-Tipps und Extras dieses Reiseführers. Wird ein Begriff mehrfach aufgeführt, verweist die **fett** gedruckte Zahl auf die Hauptnennung im Band.

Liebe Leserinnen und Leser,

wir freuen uns, Ihre Meinung zu diesem Reiseführer zu erfahren. Bitte schreiben Sie uns, wenn Sie Berichtigungen und Ergänzungsvorschläge haben oder wenn Ihnen etwas besonders gut gefällt:

Gräfe und Unzer Verlag, Reiseredaktion, Postfach 86 03 66, 81630 München
E-Mail: merian-live@graefe-und-unzer.de

Alle Angaben in diesem Reiseführer sind gewissenhaft geprüft. Preise, Öffnungszeiten usw. können sich aber schnell ändern. Für eventuelle Fehler übernimmt der Verlag keine Haftung.

Redaktion: Karin Szpott
Kartenredaktion: Reinhard Piontkowski, Beate Jankowski

**Bei Interesse an Karten aus MERIAN-Reiseführern schreiben Sie bitte an:
E-Mail: geomatics@ipublish.de**

Gestaltung: Ludwig Kaiser
Karten: MERIAN-Kartographie
Produktion: Maike Harmeier
Satz: Filmsatz Schröter, München
Druck und Bindung:
Stürtz AG, Würzburg

Fotos: laif/D. Klein 39m; H.-G. Roth 19 m, 82/83; B. Schümann 9 o, 9 u, 11, 16/17, 19 o, 19 u, 21, 26, 31 o, 35 o, 39 o, 39 u, 49 m, 53 o, 73 m, 79, 89, 101, 109; K. Thiele 2, 31 m, 31 u, 35 u, 49 u, 53 m, 67; M. Thomas 4/5, 9 m, 12/13, 24/25, 35 m, 44, 49 o, 53 u, 57, 61 m, 61 o, 61 u, 64/65, 73 o, 73u, 81, 92, 96/97

Gedruckt auf Primabulk
von Papier Union.

GRÄFE UND UNZER

Ein Unternehmen der
GANSKE VERLAGSGRUPPE

ISBN 3–7742–5977–1

10 9 8 7 6 5 4 3